〔美〕斯蒂文·M. 卡恩（Steven M. Cahn） 著

王彦晶 译

Saints and Scamps
Ethics in Academia

# 君子与顽童

## 大学教师的职业伦理

（25周年纪念版）

北京大学出版社
PEKING UNIVERSITY PRESS

著作权合同登记号 图字：01-2017-1115
图书在版编目（CIP）数据

君子与顽童：大学教师的职业伦理：25周年纪念版 /（美）斯蒂文·M.卡恩著；王彦晶译. —北京：北京大学出版社，2021.1
ISBN 978-7-301-31637-5

Ⅰ. ①君⋯　Ⅱ. ①斯⋯ ②王⋯　Ⅲ. ①高等学校－师德－研究　Ⅳ. ①G645.16

中国版本图书馆 CIP 数据核字（2020）第 219517 号

*Saints and Scamps: Ethics in Academia, 25th Anniversary Edition* Published By Rowman & Littlefield Publishers, Inc
Copyright © 2011 By Rowman & Littlefield Publishers, Inc
Published by agreement with the Rowman & Littlefield Publishing Group through the Chinese Connection Agency, a division of The Yao Enterprises, LLC.
Simplified Chinese edition copyright © 2020 PEKING UNIVERSITY PRESS
All rights reserved

| | |
|---|---|
| 书　　名 | 君子与顽童：大学教师的职业伦理（25 周年纪念版）<br>JUNZI YU WANTONG: DAXUEJIAOSHI DE ZHIYELUNLI（25 ZHOUNIAN JINIAN BAN） |
| 著作责任者 | 〔美〕斯蒂文·M.卡恩（Steven M. Cahn）著　王彦晶 译 |
| 责任编辑 | 赵　阳 |
| 标准书号 | ISBN 978-7-301-31637-5 |
| 出版发行 | 北京大学出版社 |
| 地　　址 | 北京市海淀区成府路 205 号　100871 |
| 网　　址 | http://www.pup.cn　新浪微博：@ 北京大学出版社 |
| 电子信箱 | pkuwsz@126.com |
| 电　　话 | 邮购部 010-62752015　发行部 010-62750672<br>编辑部 010-62752025 |
| 印 刷 者 | 北京中科印刷有限公司 |
| 经 销 者 | 新华书店 |
| | 890 毫米 × 1240 毫米　A5　6.75 印张　150 千字<br>2021 年 1 月第 1 版　2021 年 1 月第 1 次印刷 |
| 定　　价 | 45.00 元 |

未经许可，不得以任何方式复制或抄袭本书之部分或全部内容。
**版权所有，侵权必究**
举报电话：010-62752024　电子信箱：fd@pup.pku.edu.cn
图书如有印装质量问题，请与出版部联系，电话：010-62756370

谨以此书

纪念我的母亲伊夫琳·鲍姆·卡恩（Evelyn Baum Cahn）和

舅舅莫顿·鲍姆（Morton Baum）

# 目 录

中文版序言　　i

序　言　　iii

25周年纪念版自序　　v

第一版自序　　ix

**第一章**　**教授的生活**　　001

**第二章**　**教 学**　　011
　　教学的艺术　　011
　　教师的责任　　020
　　考试　　028
　　评分　　034
　　教师的角色　　044
　　教学评估　　051

| 第三章 | 科研和服务 | 061 |
| | 学术道德 | 061 |
| | 学术共同体 | 067 |
| | 院系内的义务 | 073 |
| | 毕业要求 | 078 |

| 第四章 | 人事决策 | 095 |
| | 教员聘用 | 095 |
| | 终身教职 | 105 |
| | 投票程序 | 114 |
| | 教员解聘 | 121 |

| 第五章 | 研究生教育 | 127 |

| | | |
|---|---|---|
| **附　录** | A. 寻找管理者：缺失的一步 | 145 |
| | B. 平权行动的两个概念 | 148 |
| | C. 为什么不说实话？ | 166 |
| | D. 认真对待教学 | 168 |
| | E. 教研究生如何教书 | 172 |

| | |
|---|---|
| 对进一步阅读的建议 | 177 |
| 索　引 | 181 |
| 作者简介 | 188 |
| 译后记 | 191 |

## 中文版序言

几十年来，哲学家研究了各种职业所涉及的伦理问题，从道德层面仔细考察了包括医生、护士、律师、企业家、记者和工程师在内的各类从业人员的行为，并且对医院、法院和商业机构中表现出的对职业伦理的轻视提出了严肃的质疑。

然而令人奇怪的是，有一种行业反而没有得到多少关注：很少有哲学家有兴趣深入研究大学教师自己的职业伦理问题。这是为什么呢？一来，一些学者错误地认为大学教师的工作没有在伦理上需要讨论的地方。二来，一些可能有兴趣研究这个题目的学者会因为害怕暴露自己的单位、同事甚至自己本人的错误行为而放弃这样的探究。

《君子与顽童：大学教师的职业伦理》聚焦在大学教师那些经常被忽略的职责上。讨论这些问题可能会让一些同事感到不适，但是，正如苏格拉底所教导的那样，没有什么比认识我们自己更重要的了。

我很高兴这本书现在有了中文版，尤其感谢王彦晶博士的翻译。

斯蒂文·M.卡恩

2020 年 8 月

# 序 言

早在1988年我就爱上了这本书,并且经常重读它。我总是把阅读这本书当成一个短暂的假期,就像回到了一个总能给你好建议的老朋友那里。多年来,我形成了一个习惯,将这本书作为礼物送给新上任的教师、院长和其他管理者。我非常高兴地看到本书25周年纪念版的出版,它将继续成为我的朋友和同事们书架上的必读书籍。

这是一本我多希望在我开始学术生涯的时候就能读到的书。卡恩博士以令人信服的方式探讨了大学教师这个职业的核心,梳理了我们对学生、同事和社会的主要责任。他基于教务长和教授的经历为我们这些在学术界工作的人提出了许多很现实的挑战。事实上我们总在努力平衡各种相互竞争的需求和目标。卡恩博士温和但坚定地通过梳理教师的职业准则和伦理义务，帮助我们面对大学教师职责的复杂性。虽然我从未见过卡恩博士，但通过这本书能看出他一定是一位好老师。

托马斯·H.鲍威尔，圣玛丽学院校长

## 25周年纪念版自序

当我在罗曼和利特尔菲尔德出版公司（Rowman & Littlefield）的编辑约翰·席斯克（Jon Sisk）提醒我，自本书第一版问世以来已过去25年了，我惊讶于时间的飞逝，但很高兴这本书还在出版中。

关于这本书，我最常被问到的问题是它是否真的让老师们更加关注他们的伦理义务。很遗憾，即使我很保守的愿望也可能过于乐观了。最值得注意的是，由于各大学的院系都想在全国排名中表现得更好，一些名声很好的研究生项目也在教育质量上出现了恶化。

不幸的是，这种面向排名的努力并没有被用来加强培养方案的设计以确保学生的知识广度，或者开设教学方法的课程以提高未来教师的教学技能。相反，一种流行的做法是用尽可能高的薪酬和尽可能少的教学任务来吸引明星教授跳槽。顶级大学的标准教学量是每个学期一门研究生课程和一门本科生课程。显然当今的顶尖学者中很少有人会被这样的教学量所吸引。相反，更有吸引力的做法是不要求任何的本科教学，只要求很有限的研究生教学，大概每学期甚至每学年不超过一门课程。然而，最有吸引力的条件远远超过这些：一上来就直接给教授一个学术假期。在我所知的一个案例中，一所学校开出的一年学术假的条件竟然还被另一所学校的两年学术假"秒杀"了。

这个案例中的两个哲学系试图吸引一位备受推崇但还称不上伟大的道德哲学家。我建议那个抢人失败的哲学系可以考虑在其教员名单上增加一个远远更有声望的名字：亚里士多德（Aristotle）。当然，亚里士多德不可能出现在学校里，不过那位明星教授也不会。两位教授在教学和研究生指导上的工作量也是相同的——等于零。此外，由于排名并不取决于教授是否在校，而是取决于他们的著作是否更受关注，亚里士多德显然是更好的选择。事实上，第二年该系可以通过引进康德（Kant）进一步提高教师队伍的水平，或许引进尼

## 25周年纪念版自序

采（Nietzsche）也行。

当然，按理说即使是最著名的教授也应该至少讲授一门研究生课程。然而，面对这个不受欢迎的任务，"大牛"们仍然可以有变通的办法，比如安排与同事一起进行团队教学并外请老师来讲几次。这样，课堂就可以变成一个专业的讨论班，让老师在上课的幌子下实现科研的目的。

至于综合考试，现在这年头谁还想浪费时间出题和打分呢？一个常见的替代方法是要求博士生写资格论文，然后建议优先选那些在教师研究兴趣范围内的题目。这样，教授们就可以专注于自己的科研目标了。

当研究生们意识到教授们自认为是学术游轮上被服务的尊贵客人时，他们很可能会效仿这种自私的行为。他们不会知道教授们也应该有职业操守，有义务利用他们的专业知识为他人服务。

也许那些为高等教育买单的人最终会意识到，学校领导们引以为豪的大学排名并不代表着在校学生——无论是研究生还是本科生——实际上得到了更高质量的教育。只有教师愿意认真履行他们的众多职责，才能有可能实现这一目标。

那么，这些职责究竟有哪些？为了寻找这个问题的答案，我写了这本书。

在这个新版本中，我对老版的内容略做修改，还在最后附上了成书后我写的 5 篇关于学术及职业伦理各个方面的论文。

我要感谢编辑约翰·席斯克一直以来的支持。还要感谢我的兄弟，斯基德莫尔学院英语系的维克多·L.卡恩（Victor L. Cahn）教授的建议和文字修改等帮助。我还要感谢我的妻子玛丽莲·罗斯（Marzlyn Ross）博士，一切尽在不言中。

谨以本书献给我的母亲伊夫琳·鲍姆·卡恩——一位广受爱戴的高中英语老师，以及她的兄弟莫顿·鲍姆——他在管理上的敏锐和创造性的规划促成了纽约市音乐及戏剧中心的成功（包括纽约市歌剧院和纽约市芭蕾舞团）。我的母亲和舅舅手足情深，他们对我的影响是无法估量的。

# 第一版自序

几年前,我被邀请以"学术界的伦理"为题做一次演讲。当我向一位同事提到这个事的时候,他调侃道:"这个报告会很短吧。"

确实,我们很少谈论教师们的义务。许多书籍和文章探讨了他们的权利,但没有相关的文献梳理他们的责任。然而,就像医生或律师一样,教师也应该坚守高标准的职业操守。我们都听说过粗心的医生和不诚实的律师,这些玩忽职守的人违反了由同行制定和批准的详细的行为准则,可是玩忽职守的教师们又违反了哪些相应的行为准则呢?

进入大学的学生有权假定他们的教师是认真履行职责的专业人士。然而,很多时候,学生却会接触到行为可耻的教师。实际上，任何本科生或研究生都有可能成为教师玩忽职守的受害者。我永远不会忘记我的一位英语写作老师，他讲课没有连贯性，不在预定的答疑时间出现，并且从来没有给过高于C+的成绩。当他有一天在课堂上提到同一门课的其他平行班还有几个名额时，教室的门被"逃跑"的学生挤爆了。[1]

这种情况对熟悉学术圈的人来说丝毫不令人惊讶。事实上，抱怨这样的事还可能会让一些人觉得你不懂"个人风格"在教育中潜在的价值。然而，教师"不走寻常路"对一个被忽视和被误导的学生来说绝对不算一个好的借口。

很多时候，英文中的"渎职"（Malpractice）一词常与医生联系在一起。但是，它也适用于任何未能按合适标准认真履行职责的专业人员。但教师的职责究竟有哪些？合适的标准又是什么？这些就是我将在以下的篇章中讨论的问题。

诚然，学生、行政人员、校友会及校董会成员也不时会面对伦理问题，然而，任何一所大学的核心都是教师。[2] 对他们的评估是教育的核心，我会重点讨论这些评估的关键作用。

---

[1] 为了保护本书中提到的个人的身份，姓名皆省略，并且也尽量不提性别。

[2] 关于学术管理者的选择，请参见附录 A。

# 第一版自序

　　滥用权威的教师是不光彩的,而缺乏权威的教师则是冒牌货。认真行使适当权威的大学教师可让每个学生有机会去获得高等教育最珍贵的礼物——受过良好教育的心智。丧失这样的机会总是令人遗憾的,尤其是当其原因是教师的失职时。

# 第一章　教授的生活

20世纪70年代初的一本书有一个很有煽动性的标题《不劳而获：一位大学教授不可告人的秘密》。作者的名字是"X教授"，但我后来才知道他是西部某所国立大学的历史系主任。他对大学教师的怀疑在这个直言不讳的评论中得到了体现："在我认识的教授里，只有很少几个我能放心让他们照看花生摊，更不用说成为智慧和西方文明的守护者了。"[1] 本着这种精神，让我简要介绍一位我曾经比较熟悉的教授。我不会提他的名字，但在那个时代，他是一位受人尊敬的学者。他习惯性地取消自己的课，而在那些他好不容易出现的

---

[1] Professor X, *This Beats Working for a Living: The Dark Secrets of a College Professor* (New Rochelle, N.Y.: Arlington House, 1973),11.

日子里，他也经常上课迟到，而且一般毫无准备。他的课没有任何考试，所以他不需要改什么卷子。他的每门课都只会留一篇期末论文作为作业，然后只是草草地读一读。如果喜欢他看的那几页，他就给这篇论文 A。如果不喜欢，他就给 B。没有提交论文的学生得到 C。这个评分系统避免了大多数抱怨，尽管得到 B 的学生偶尔会抗议为什么没得 A。他总是慷慨地同意按照学生的要求修改成绩，从而完美地解决了这样的问题。他几周才看一次信，因此会错过一个接一个的截止日期。他从不参加任何全校教师会议。他确实参与了全系大会，但是每当要进行重要的投票时，他就设法离开会议室。当他被要求完成一项行政任务时，他的策略就是干脆不出现在学校，把事情推给系里的秘书。

这人当然是不道德的。他拥有"教授"的荣誉称号，但系统性地滥用了教授的职责。他应该被视为与腐败的高管以及不负责任的法官一样的人。就像在商界和法院一样，大学里也有玩忽职守的人。

我并不想暗示大多数教师都是不称职或不道德的。为了强调这一点，我现在介绍一位三十多岁的教授，在不到十年的学术生涯中他已经成就了非凡的发表纪录，并且正在建立

## 第一章 教授的生活

起良好的国际声誉。他不仅出现在他所有的课上,还为那些可能在学业上遇到困难的学生提供额外的帮助。他为每节课做精心的准备,以至于他的讲稿实际上是可以发表的。他认真地设计考试内容并且进行严格的评分。他几乎每天都腾出时间给学生,并鼓励他们拿考试卷子和学期论文来讨论。他还乐意读系里同事给他的文章,并会给他们非常详细的评论。他出席所有的教师会议并有理有据地发表意见。他曾在学校的课程委员会任职,在重新制定本科毕业要求方面发挥了重要作用,并且几乎单枪匹马地修正了他所在学校处理学术不端问题的方式。他在所有系内事务中都扮演着同样积极的角色。

让我强调一点,这个人的敬业并不是独一无二的,在他的系里,还有好几个人同样专注于他们的学生、专业和学校。

我在哥伦比亚大学读本科期间,那里有着众多著名的学者和敬业的教师,例如雅克·巴尔赞(Jacques Barzun)、丹尼尔·贝尔(Daniel Bell)、唐纳德·弗瑞姆(Donald Frame)、查尔斯·弗兰克(Charles Frankel)、彼得·盖伊(Peter Gay)、摩西·哈达(Moses Hadas)、吉尔伯特·海特(Gilbert Highet)、理查德·霍夫斯塔特（Richard Hofstadter）、波利卡普·库施（Polykarp Kusch）、欧力斯特·内格尔（Ernest Nagel）、迈耶·夏皮罗（Meyer Schapiro）和莱昂内尔·特里林（Lionel Trilling）。用 X 教授的话说，这个受人尊敬的团体完全可以作为"智慧和文明的守护者"。

教师有可能是无聊或懒惰的，甚至是愚蠢或不道德的。他们也可能是聪明和勤奋的，充满智慧甚至像圣人一样。有些人就像刻板印象中那样大大咧咧的，但其他人则可能是非常敏锐的。有些人不可能在其他地方取得成功，所以躲进了学术界。然而，另一些人本可以成为杰出的医生、律师或者商人，但却主动选择了教师的职业。

这种选择不见得是出于经济的原因。但它很可能是基于在教学和学习中找到的快乐，以及大学教师的工作所特有的独立性。毕竟，除了大学之外，很少有其他机构允许其成员拥有类似教师在工作上的自由。获得长聘的终身教授们通常会制定自己的时间表。他们实际上可以决定他们想要教什么、什么时候教和怎么教。他们可以决定办公时间，按照自己的意愿参加教师会议，并按自己的意愿接受各种委员会的任务。

## 第一章 教授的生活

为了理解这些特权能变得多么夸张,让我们聊聊一位我熟识的资深教授。他设法将他的日程安排降到最低,只在周五下午出现在学校,带两个研究生的讨论班,中间留一小时作为答疑时间。通过在星期五下午安排课程,他希望选课的人尽可能的少。春季学期的某一天他被请到系主任的办公室,问他是否愿意本着为学生服务的目的把他的讨论班在秋季学期调到周一的下午。这个建议使他震惊,他令人不可思议地反问道:"如果连星期一都不能休息,我们还有什么?"

很少有律师、工程师或业务经理会这样思考问题。事实上,大多数人,无论他们在从事社会地位高或者低的工作,通常会被要求从早上工作到傍晚,去完成并不是他们自己选择的任务,并且接受那些他们应该对其负责的人的监督。这种模式不仅适用于通用汽车副总裁,也同样适用于他们的执行秘书和装配线上的工人。

我不会忘记那些每周工作七天、几乎醒着的时候都在工作的教师们,他们不断地增加对其领域理解的深度,还有他们的学术成就。关键是,这些人自由决定他们的日程安排和目标。他们不是为了应付单位的要求而这样做的。

这种教师的高度自主权可能导致了伦理上的复杂性。

教师自治到什么程度是必要的？我们如何在不破坏适当自治的情况下确保其行为的专业性？

作为回答第一个问题的一步，我们需要牢记大学教师生涯的本质是追求知识。这种探索可能会出现意想不到的转折，并导致不受欢迎、有争议甚至是看上去另类的观点。但正如约翰·斯图尔特·密尔（John Stuart Mill）写的那样：

> 人类整体了解某个学科的唯一方法是听取各种不同意见，并研究每个可能的角度。没有一个智者事实上可以通过其他方式获得智慧，人类智慧的本质也让我们不可能通过其他方式获取真正的智慧。[1]

民主社会的成功在很大程度上取决于其公民的理解和能力。因此，自由社会的成员需要确保那些被指定为寻求知识并传播知识的人不会因政治、宗教或任何其他理由而受到干涉。这种对大学教师的保护被称为"学术自由"，教师在其

---

[1] John Stuart Mill, *On Liberty* (New York: Liberal Arts Press, 1956), 25.

## 第一章 教授的生活

所擅长领域内有权发现、讲授和发表基于现有知识被他们认定的真理。

在保护学术自由的地方,学生在上课的时候可以确信教师相信他们自己所讲的东西,而不是重复他们被"编程"的"正统观念"。类似的,在学术自由得到保证的情况下,决定谁将被任命为教授,唯一的标准是能力而不是信条。

每当个人或团体试图对教师进行学术控制并阻碍其寻求真理时,学术自由就会受到威胁。教师的主要义务之一是抵制这种威胁,并且对那些企图恐吓和强迫他们的人豪不退让。没有学术自由的大学不配被称为"大学"。

可悲的是,教师自己有时也会伤害学术自由。其中一个威胁来自那些试图让学校在与其教育使命无关的问题上采取官方立场的人。然而,当某些观点被正式宣布为"真"或"假"的时候,自由的探索就会受到干扰。大学的建立并不是为了告诉公众在一个问题上大多数教师所持的立场,无论这个问题是数学的、自然科学的还是政治学的。对于上帝存在的本体论论证是否合理,或者我们政府的外交政策是否有误,都是可讨论的问题,而不是法令。

维护自由的探索需要所有观点都有权被别人听到。遗憾的是，一些教师有时也会无视这一基本原则，并试图干扰校园里的演讲，理由是他们认为演讲者的观点令人不快。但只要一个人的行为还是文明的，在大学里都不应该被阻止陈述自己的信念，无论其身份是教师、学生还是访问学者，哪怕一些观点很令人讨厌，更大的危险在于扼杀它们。当一个人的意见被压制时，没有谁的意见可以被安全地说出来。

有些人可能会认为那些寻求真理的人应该被保护以免于接触错误。但情况恰恰相反。我们只有在受到挑战之后才能充分理解我们自己的观点。用密尔令人难忘的话说："只知道自己一方观点的人，对他自己的观点也知之甚少。"[1]

在美国卷入越战争议的高潮期间，一些教师和学生变得如此愤怒，以至于他们关闭了校舍，破坏了教学秩序，并以其他方式强行干预学校的活动。这样的行为对心智的成长是有害的。自由探索涉及思想的交锋，但是思想的交锋不可能存在于暴力的冲突中。犯罪行为也不能因为恰巧发生在大学校园内就被宽容。

---

[1] Mill, *On Liberty*, 21.

## 第一章　教授的生活

在校园内外一直都有人想以某种名义扼杀自由探索，而这种名义往往要求每个人都不假思索地效忠。学术自由的原则就是为了防止这种潜在的干扰。

教师职业的特点不仅在于它所提供的自由度和所保证的学术自由，还在于它为探究任何领域提供机会，无论其是否受欢迎。一个外行如果接触到一个教师的工作，可能会觉得无聊或毫无意义，但这种判断不会影响教师自己。广泛的赞誉不是学术成功的标准，出现在畅销书排行榜上也不等同于学术上的成就。教师们可以选择将精力花在与专家对话，阅读同行专家的作品，出版著作或发表论文以供专家阅读，并指导那些渴望成为专家的人。这种一心一意的专注避免了迎合公众的陷阱，并可以产生出色的学术成就。然而，一心一意也可能变成狭隘，专注也可能会变成孤立。

看看下面这位教授的案例。他正致力于对现象学运动的核心人物，德国哲学家胡塞尔（Husserl）的著作进行解释学的研究。读研究生的时候，这位教授上了很多关于胡塞尔的课，最终写了关于胡塞尔的博士论文，每年夏天都参加关于胡塞尔的会议，每学期都会讲一到两门关于胡塞尔的课程。有一次当只有两名学生选择他关于胡塞尔的讨论班时，他系里的同事要求他去转开一门让学生了解哲学本质的入门课程。他愤怒地拒绝了，并且坚持要求系里只开设关于胡塞尔等具体方向的小专业课程，而且不去管其他非专业的学生。最终也没有人能说服他，让他明白他关于课程的建议是多么的不切实际和不负责任。

这样的教授在提醒大家，为什么大学通常被称为"象牙塔"，成为那些不愿意或无法应对实际问题的人的避风港。"象牙塔"的描述是有些夸张，但即使是那些躲在"象牙塔"里的教师也不能逃避道德义务。

简而言之，尽管教师的生活高度自主，但它仍然意味着广泛的职业责任。无论是在课堂上、院系会议还是学校教师大会里，每当涉及建议、推荐抑或是需要评估的时候，这些责任都应该被重视。

列举这些义务并不能保证它们的实现，但履行职责的第一步是知道它们有哪些。

# 第二章 教 学

**教学的艺术**

教师有义务指导学生学习的过程。他们应该知道让学生学习哪些内容,用哪种顺序来教最好。他们也应该知道每个人如何学才最有成效。此外,他们还应该知道什么算是进步,以及每个学生到了哪一步。恰恰因为学生自己并没有这方面的知识,所以他们才被称之为"学生"。

设想你自己在上一门桥牌的入门课,你的教练却问你是想学习飞牌(finessess)还是维也纳妙招(Vienna Coup)。这样的问题是毫无意义的,因为合理的答案依赖于你对桥牌的知识,如果已经有了这些知识,那么你就不是初学者了。

如果你的教练通过要求你评估自己来判断你的叫牌技巧，那同样是愚蠢的。合理的判断取决于专家的看法，你的教练是专家，而你不是。如果你的教练不知道你的叫牌有多好，那么这个人不应该成为你的教练。

逃避教师责任的一种常见方法是将其推卸给学生。一位我以前的同事曾经告诉我，她的现代哲学史课将从莱布尼兹（Leibniz）直接跳到康德，不讲那些经验主义者，比如洛克（Locke）、贝克莱（Berkeley）和休谟（Hume）。当我询问她为何采用这样奇怪的进度时，她回答说她曾要求学生投票，而他们选择不读经验主义者。

事实是，这位老师对经验主义者知之甚少，因而想要忽略他们，但又不希望为她课程中的这种明显的缺失承担责任。因此，她试图以负面的方式描述经验主义者，然后再向学生询问他们的偏好，从而免除自己的责任。她本可以说服学生同意任何事情，因为对外行的学生来说，洛克、贝克莱和休谟这些名字也可能只是1914年波士顿勇士队的外场选手。

教师应该对课堂上发生的事负责，这种责任会带来权威。回想一下，我们不仅要讨论来自权力的权威，还要谈作为专家的权威。这两个概念是相关联的，通常我们会因为假

## 第二章 教 学

定了权威性和专业知识才会赋予特定个体相应的责任,来行使其权力或权威。

教师的情况就是如此,他们过人的知识水平使得他们被赋予教师的责任。说得更直白一点,如果一个教师对其专业的理解还不如学生好,那么为什么学生要交学费而教师要拿工资?我经常听到教师尽量淡化自己的重要性,并强调他们从学生的洞见和想象力中学到了不少,但我还没有听到一位教师提出用他的薪水交换学生学费的账单。

要认可教师的权威,并不是说教师应该以专制的方式行事,完全控制学生的意志。师生间适当的关系应该是学术指导关系,而不是造神。

一个有效的类比是医生与病人的关系。一名好的医生会密切关注患者的反应,并根据每个病例调整治疗方案。但如果被要求开具不合适的处方,医生会因为要对签字的处方负责而拒绝这样做。如果被要求证明患者的健康状况,医生会根据公认的标准来做,而不是根据患者自己的要求。

类比到教师的情况,一位好老师应该密切关注学生的反应,并因材施教。如果被要求以不合适的方式教书,教师也会像医生一样因为要对课程负责而拒绝这样做。如果要来证明学生的能力，教师会根据普遍认可的标准来做，而不是以学生自己的标准为依据。

当我们认识到学生必须如此依赖教师，我们也就会意识到教师可以造成多大的伤害。我们大多都体会过被教师无心或恶意嘲弄时的痛苦，甚至成为一些教师的粗心或卑鄙行为的受害者，也可能由于教师的无能、无聊或故意歪曲的讲授，而对某些迷人的课题视而不见甚至厌恶。

因此，教学具有道德维度，因为教师有能力帮助或伤害他人。但是，我们可以总结出好的教学的基本要素吗？近年来，一些号称很有见地的教育工作者对是否能总结出优秀教师的特征表示怀疑。与此同时，同样是这群人又对改善教学充满热情，但他们没有意识到其立场中所包含着的矛盾。如果要鼓励好的教学，我们就需要了解其基本要素。这些并不是无法说清的。

简而言之，教师的责任是引导学生掌握适当的主题，唤起学生的兴趣，同时既不歪曲又不有意忽略其中的内容。要达到这个结果通常涉及四个要素：动机、组织、澄清和提炼。

关于动机，我区分了两种类型的教师："带动型"和

"推动型"。前者先利用自己的人格魅力吸引学生,然后尝试将学生对教师的兴趣转化为对所教主题的兴趣。后者尽量减少他们自己个性的影响,并试图直接让学生关注学习的内容本身。

那些"带动型"的教师通常在激发学生的热情方面没有什么困难,但他们特有的问题是往往不能将学生的兴趣从教师转移到学习的主题上。如果他们能够让学生像对他们自己一样对学习的内容感兴趣,就可以尽可能多地吸引学生,可以对非常多的学生产生巨大的影响,因为这样的教师总能吸引许多忠实的"粉丝",他们会跟随教师的指引去任何地方,哪怕是沿着崎岖的学习道路走下去。

那些"推动型"的教师不会担心误导学生的兴趣,他们担心的是这种兴趣是否会被激发。他们需要明确看似深奥的学习内容与学生自己的经验之间的联系,使学科本身成为学生的关注点。

无论采用何种方式,教师都应该鼓励学生认识到所学的学科不只是一种手段而是目的,它本身就有内在的迷人价值。他们的人生将因此丰富起来,在超越了"为了学习而学习"之后,学习的内容就会变得更加生动有效。一个积极主动的学生已经准备好去学习，教师应该充分利用学生的积极性组织好教学。当然，缺乏灵活性会妨碍教师充分利用在课堂讨论的过程中可能临时产生的机会。然而，漫无边际的讲授可能会浇灭学生最初的热情。缺乏计划通常会导致想到哪算哪的讲授，会让学生没有目的地徘徊在一个个的主题之间。这与漫无目的地闲聊一个小时也没有什么区别。

在进入课堂之前，教师应该确定他们在某节课中想要完成的任务，以及他们期望学生在该课程结束时所掌握的内容。用怀特海（Alfred North Whitehead）的话说："某种无情的确定性对于教育来说是至关重要的。"[1] 教师的义务是指导学生，而指导需要了解自己的目标。如果教师不知道自己课程的目标，每个人都会迷失方向。

谨慎的课程组织还必须同样重视清晰性。否则，即使是高度结构化的课程，对于外行来说也是难以理解的。

由于学术内容趋于复杂，学生常常会充满困惑。好老师会预见到这个问题，并尽一切努力讲清楚，从而减少这样的迷惑。他们使用具体例子来说明抽象概念。优秀的教师也会

---

[1] Alfred North Whitehead, *The Aims of Education and Other Essays* (New York: Free Press, 1967 [1929]), 36.

意识到，不同的学生在理解特定想法方面会存在差异，所以要试图用各种方式解释同样的基础内容。

此外，优秀的教师不但要讲给最好的学生或班级前10%的学生听，也应该使得几乎所有的听众都可以跟上。这些教师会意识到，当有一两个以上的学生抱怨自己听不懂时，许多其他学生——无论他们自己是否意识到这一点——也可能需要帮助。

良好教学的第四个要素是提炼。由于对任何主题的全面理解都取决于对其细节的牢固掌握，许多教师倾向于强调具体分析而忽视概括综合。但掌握一门学科需要意识到它与相关学科的联系。细节是理解的必要条件，但不是充分条件。整体上的理解也是必需的，这只有在更广泛的学术框架内去看才能实现。不应该让学生迷失在细枝末节中。没有细节的概括是空洞的，但没有概括的细节是没价值的。

到目前为止，我一直在考虑"好"的教学的组成部分。"伟大"的教学还会涉及另一个元素。伟大的教师不仅可以激励学生、组织课堂、澄清材料，并提供合理的概括，还会给学生一种卓越的愿景。

追求卓越已经逐渐成为一种过时的教育标准，现在仅仅是提及它就会让一些人开心而同时让另一些人感到焦虑。但是，这些不同的反应可能不是基于任何根本性的分歧，而是来自潜藏在"卓越"这个概念本身的模糊性。

在一种意义上，卓越等同于"超越"。根据这个定义，无视对手是强是弱，人们都可以通过超越其他人来实现卓越。因此，按照这个定义在班里成绩排名第一的学生就是卓越的，应作为毕业生代表致辞。在另一种意义上，卓越等同于"成就"。根据这种用法，如果值得高度赞扬，这个人就是卓越的，无论有多少其他人也值得相似的赞扬。例如，我们会说一个人有非常好的健康状况或具有绝佳的道德品质。请注意，我们中的许多人都有很好的健康状况，而不仅仅是少数人。同样，也有许多人品德出众，因为一个人的崇高行为并不会排除他人，反而可能会鼓励他人。

卓越作为成就意味着与标准竞争，许多人可以赢，也有许多人会输。卓越作为超越意味着与他人竞争，很少有人能赢，大多数人都会输。

然而，超越并不一定值得赞扬。从比较一般的医学院毕业的学生，即使他们是同届中最好的，可能也不会是出色的医生。只有当有所成就，超越才是值得赞美的目标，因为当

## 第二章 教　学

所有人水平都很低的时候，超越他人并不能被认为是成就。因此，卓越理念应被理解为是指成就而不是超越。

那些诋毁卓越的人通常将其与超越等同起来，他们的反对意见是基于对"无情"竞争的反感。但如果反对激烈的竞争，我们就将无法区别高质量和低质量的工作，结果将是混乱的。

由于不熟悉他们正在学习的领域，初学者很容易搞不清楚合格和不合格工作之间的差异。出于这个原因，一个新棋手可以会对看上去深刻的棋局印象很深。但是这样的感觉很快就会消失，因为区分网球高手和一个初学者，或者一个小提琴家和初学者并不困难。

然而，即使经过相当多的学习，区分什么是合格与什么是优秀也不是那么容易的。我们中有多少人，能在两位医生中看出哪位只是合格的，哪位又是卓越的？我们中有多少人在阅读欧洲历史的时候会意识到一个理论是仅仅令人满意的还是特别杰出的？认识到这种区别取决于对关键的微妙之处的认识。每位杰出的教师都以其独特的方式引导学生获得这样的洞见。

那些追求卓越的人知道伴随这种成功的满足感，但卓越不仅对拥有它的人有价值，对那些朝着它努力的人来说同样重要，因为要理解那些人类的伟大成就要提高自己的敏锐度和敏感性，这使得他们的生命更加丰富和鲜活。事实上，我知道教师可给予学生的最好礼物就是对卓越的持久敬意。

我们永远不应忘记教学艺术的崇高。但与所有艺术一样，成就取决于对细节的认真关注。下面我将要论这些细节中的一些。

## 教师的责任

在英语里，"良心"（conscience）、"有意识"（conscious）和"尽职尽责"（conscientious）不仅在词源学上相关，而且在概念上也很相关。有良心的教师是一个能意识到教学细节并且尽责确保它们得到妥善处理的人。这种对细节的关注被广泛认为是重要的学术能力，但也应该被视为优质教学的一个要素。有些人可能会认为讨论细节是没有意义的，但如果忽略这些问题，学生就会承受后果。

为了在实践中理解这个原则，请想象你自己是一位被要

## 第二章 教　学

求讲授特定课程的教师，也许这是你第一次讲这门课。你应该做什么样的准备呢？

首先，你应该了解在学校的课程目录或其他正式列表中这门课的课程描述，因为该描述本质上就是对学生关于课程内容的承诺。如果你愿意，你也许可以在未来重写这个描述。然而，你现在的责任就是按照描述的那样讲授课程。

你要想想让学生买哪些书。在做出决定前，你应该熟悉其他的教材或者同一本教材的其他版本，还要对其难度、涵盖的内容和价格进行评估。教师不应该采用他们自己没有读过的教材，因为在几个月后，他们可能会发现这本教材省略了必要的内容或者有些内容讲得不够好。我们永远无法保证第一次使用一本书就会完全令人满意，但至少教师应该提前仔细研究其内容，并且只有经过深思熟虑才能做出是否使用它当教材的决定。

请记住，虽然教师可能会免费得到一本教材，但学生可是要买这些书的，他们不应该被要求花过多的钱来满足课程要求。一定要查询教材目前的价格，因为今天的书可能比它刚出版时贵得多。我认识一位60多岁的教授，他几十年来一直要求学生购买一本特定版本的教材，但没有意识到多年来它的价格已经翻了四倍多,而它的另一个版本却便宜得多。

我听到有人说,教师们不应该采用他们自己编写的教材,因为他们可以通过这些必读书目获得版税。我个人认为这种做法并不存在利益冲突,只要所选教材是最合适的就行。拉尔夫·埃里森（Ralph Ellison）在讲授当代文学课程时难道没权利要求他的学生阅读他自己的作品《看不见的人》么?无论选择哪本书,都会有人赚取版税。唯一真正的问题是所选教材是否从教学角度讲是合适的。

最后,教师需要准备教学大纲。大纲是学生的课程指南,应在第一次课上就说清楚。大纲应该指出每周或每次课需要阅读的材料,并说明提交作业的截止日期。尽管在学期中有时需要更改阅读材料,但教师应将这种更改保持在最低限度,以免迷惑学生或让他们对教学计划感到不满。任何已经宣布的作业的截止日期都应该坚决保持不变。将迟交的作业与其他作业同等对待是不公平的,会误导学生,也会让教师丧失权威。

我认识的一位教师曾宣布提交学期论文的截止日期,然后在一周后又宣布,对于那些完不成的人,截止日期可以延长一周。然而又过一周后再次宣布对那些还完不成的人可以再晚一周。最终没有人再尊重这些截止日期了,这位教师不得不在提交成绩的前几天疯狂地改论文,以使得那些晚交的学生可以和他们的同学们一起毕业。这种愚蠢的行为年复一年地重复着。我的意思很明确:不尊重自己的规则的教师,不应该也得不到他人的尊重。

许多教师在教学大纲中都附上参考书目,列出了学生可以参考的相关著作。这样的参考书目的价值与教师所提供的注释的质量成正比。一个有数百种文献但没有注释的列表,会让学生无所适从,几乎毫无用处。学生只有时间看其中的几个。但是哪些是最重要的?其他的文献又有什么意义?没有提供这些重要信息的参考书目是没有意义的。

很快你就可以开始计划第一节课了。注意"计划"这个词。如前所述,负责任的教师要经过仔细的计划才能走进课堂。当然,你可以完全没有准备,并仍然能糊弄下来一节课,比如可以通过让学生对之前留的阅读材料做出评价。然而,以这种方式教学,就像只读谱子的钢琴"演奏会"一样,都没啥可听的。

是否有必要为第一节课做计划呢?难道第一节课不就是发发教学大纲,然后就下课么?很多教师就这样浪费了第一节课的时间,在学期结束时还抱怨说他们没有足够的时间完成教学计划。任何一节被取消的课都是一个被浪费掉的机会,学生有权听到完整的计划内容。

在第一次课上,教师可以为整个课程设定基调,从自己的角度介绍课程的主题,指定学生需要做什么,并建议最有效的学习方法。如果仅仅几分钟后就结束了第一次课,来上课的学生会感到失望,而他们的教师已经失职了。

一个简单但重要的原则是教师有义务按时开始每一节课。上课迟到是对学生最大的忽视,会浪费按时来的学生的时间。有一位迟到的教师甚至鼓励学生也迟到。很快大家都晚到了,课堂时间也就随之缩短了。如果一节课有 50 分钟,那么学生就应该得到 50 分钟的时间,不能少。

此外,失去的时间也不应该通过拖堂来弥补。拖堂可能会导致下面的课不能按时开始,学生也不应该因为后面有课必须在下课铃响后离开而错过重要的内容。一个尽职尽责的教师会按时开始和结束他的课程。这条规是如此地理所应当,但并非很容易做到。

另一个类似的规则是教师们有义务出现在每一次课上。如果由于不可抗拒的原因不能来上课,他们也应该在可能的

## 第二章 教 学

情况下安排合格的代课老师。安排补课是最后的手段,因为总有些学生由于时间冲突会失去补课的机会。

教师们也有义务在课外答疑。他们应该公布答疑的时间,而且应该按时出现在办公室。没有按时出现在办公室虽然很常见,但也是不负责任的。考虑到教师每周需要在校的时间比较少,他们应尽一切努力参加每个提前约好的会面。

另一个看似简单但又重要的问题是,学生都是独立的个体,并且喜欢老师能把他们的人和名字对上号。过大的班级使实现这一原则变得困难。然而,我认识一位勤奋的教授,他能记得他班上二百多个学生的名字。

当然也有反面的例子,几年前我向一位同事询问了他的几个学生的进展情况,结果他竟然不知道他们在他的课上,他也承认他并不知道课上任何学生的名字。这件事似乎没有影响到他,尽管学期已经过去一半而且他的班上只有12个学生。试想如果大学校长不关心教授们的名字,他们会如何反应。学生对教师的漠不关心也会有类似的反应。

接下来需要谈的是,在几乎每门课程中,学生都需要完成特定的作业。教师应该花些时间详细解释这些内容,确切地说明他对作业的期望。毕竟,如果学生不知道他们应该做什么，那么错不在他们。

"就课程的某些内容写一篇论文"是一个不负责任且模糊的要求，这表明教师一直懒得思考合适的主题，或者太不在意学生是否学到了东西。

作为作业的论文应该是其他文献的简单总结还是对它们的批判性研究？这篇论文是否应依赖于在图书馆里对相关文献的梳理？如果是这样，怎么去做？一个主题应该多宽泛才是合适的？文章应该写多长？如果没有这些问题的答案，学生就容易感到困惑和沮丧。

如果一位教师明确地说了如下的要求，这种混乱就不会发生：

> 在柏拉图《理想国》的第十章中，他提到了诗歌与哲学之间的"古老的论争"。借鉴我们研究过的对话，解释柏拉图假设存在这种论争的原因。如果你同意柏拉图的观点，请解释原因并说明你认为解决论争的最有希望的方式。如果你不同意，请解释你对柏拉图或其他人可能提供的最强反驳的答复。在准备这篇论文时，不要参考对话之外的任何文本。这篇论文的长度应该为2000字

## 第二章 教　学

左右，最晚 3 月 6 日交。不接受迟交的论文。

这个作业是有挑战的，但并不会令人迷惑，完成这项作业的学生会将时间花在分析柏拉图的想法上，而不是猜测教师的意图。

教师应始终给学生的作业写出详细的评论。让认真准备作业的学生得到一个"C：算是努力了"这样的评价会让人感到沮丧。学生有权了解他们的作业哪些方面做得好，哪些方面不尽如人意，以及如何通过努力在未来得到提高。没有兴趣提供这种指导的教师只能说是选择了错误的职业。

改好的作业也应在比较短的时间内返回给学生。否则，在准备下一步的作业时，学生将无法吸收教师的建议。在他们开始忘记作业的内容时，甚至会不再关心和这个作业有关的任何事。有时，在教师的办公室外面可以看到一箱子的学生论文，是几个月前就交给他们的，可是才刚刚改好，也没有学生来拿。这种令人遗憾的场景是教师的疏忽和学生的疏离的证据。

我还没有提到教师责任里最需要重视细节的两个方面：考试和成绩。教师在处理这些重要事项时的疏忽可能不仅会让学生感到不安，还会对他们造成伤害。近年来，围绕着这些评估学生的手段引发了很多争议，因此我将深入讨论它们的目的、可能被滥用的方式以及有效使用这些手段的程序。

## 考试

如果教师要指导学习的过程，他们就需要知道学生是否在进步。考试是判断这一点的关键手段，因为它们的目的是评估学生知识的广度和深度。就像运动员通过比赛、音乐家通过音乐会被测试一样，学生们通过考试被考察，以证明他们是完全掌握还是仅仅了解了某些学习内容。能谈论一个主题并不能说明一个人的相关知识，这与在没有提示的情况下回答问题，并将这些答案写下来以供专家对其进行详细审查的考试没法比。

撰写学期论文也不是考试的合格替代品。这些论文很少要求学生掌握大部分甚至是较多的课程内容。此外，在课堂外还可以得到在课堂上无法获得的帮助。出于这些原因，如

## 第二章 教 学

果有选择，几乎所有学生都会选择写论文而不是参加考试。出于同样的原因，负责任的教师不会为学生提供那个不合适的选择。

用考试来考核学生曾经受到批评，理由是它带来的压力阻碍了学生做最出色的表现。但当个人被要求证明其能力时，压力是不可避免的。在发球练习台上看起来令人印象深刻，但在竞技比赛中表现不佳的高尔夫球手缺乏对必要技能的掌握。同样，听起来很有知识的学生如果在考试中表现不佳，说明没有掌握必要的知识。

对考试的另一种批评是，它们强调掌握事实知识，而不是鼓励创造性思维。但是要掌握任何重要的领域都需要把握基本的信息和技能。正如怀特海所说："要写诗歌，你必须学习韵律。要建造桥梁，你必须知道材料的强度。甚至希伯来的先知也学会了写字，而这在当时也不是必需的。用祈祷书的话来说，天才'不学就会'的天赋是一件被有意发明的、虚荣的东西。"[1] 考试不是想象力的最佳测试，但假设原创思维来自那些对相关基础知识一无所知的人，也是

---

[1] Whitehead, *The Aims of Education*, 34.

不现实的。这些是有效考试的重点。

我现在谈谈设计这种考试的细节。首先,它们应该始终体现课程的内容。例如,如果一门关于19世纪英国小说的课,相对平均地介绍了简·奥斯汀(Jane Austen)、查尔斯·狄更斯(Charles Dickens)、乔治·艾略特(George Eliot)和托马斯·哈代(Thomas Hardy)的作品,那么最终考试的结构也应该要求学生体现出关于所有四人的知识。如果只检验学生文学批评的普遍技能而不是他们对这四位作者的了解,那么这次考试就不能令人满意。考试也不应允许学生只表达对其中一两个人的理解,因为这样无法考察学生对于整个主题的了解,从而有失全面。

有效的考试中的试题应要求详细的解答。没有这种保障,学生就可以绕弯子,从而掩盖他们知识的极限。要证明对主题的掌握,光靠说一些不准确的信息、未定义的概念还有模糊的概括是不行的。就靠这种简略答案通过的考试简直是对教育的嘲讽,比根本没有考试还糟糕,因为它可能会误导学生以为自己已经学会了,而事实上他们可能几乎什么都不知道。

强调要求写详细答案的重要性并不意味着要学生大做多

## 第二章 教 学

项选择题。虽然多选题有时可能是有价值的,但除非它们的设计很好并适合于课程的目标,否则它们可以将考试转变为强调细枝末节的猜猜看游戏,而不是去强调对基本思想和原则的理解。例如,关于现代哲学史的考试如果充满了如下的问题就是愚蠢的:"休谟《人类理解研究》的第九节的标题是:(a)关于自由,(b)关于动物的理性,(c)关于奇迹,(d)以上所有,(e)以上都不是。"类似的,去问:"你觉得康德的工作能帮助我们理解自己吗?"也会显得同样愚蠢。

考试所需要的题目既不能是无关紧要的也不能是毫无章法的,而是需要尖锐而重要的、具有挑战性的问题,例如:"笛卡尔(Descartes)和贝克莱都对物质世界的存在产生过怀疑。对比他们用来提出这些疑问的论据和他们关于可能解决这些怀疑的结论。"回答这样一个问题需要真正掌握相关的知识,而不仅仅是记忆一些无关紧要的细节或者朦胧空洞的说辞。

设计考试的一个常见错误是让学生更担心是否能按时完成而不是给出最好的答案。不可否认,花长时间回答一个题目的学生对材料没有非常好的把握,但考试不应该是与时间的赛跑。以正常速度答卷的学生应该能够仔细阅读问题、思考问题，写出清晰的答案，并有时间检查。如果时间不够完成这些步骤，那么考试就没有任何用处。

另一个常见错误是在考卷上缺少明确的答题说明。想象一下一个学生读到以下考试提示的情景："回答第一部分中的某3个问题和第二部分中的2个问题，但除非回答问题9，否则不要回答问题2、3和6。除非你回答问题3和5，否则问题1是必需的。"当学生完全理解这些要求并决定回答哪些问题时，他们已经没有什么时间了。

教师有责任让试卷说明非常清晰并尽可能排除潜在的误解。参加考试的学生会紧张，容易误读考卷的要求，回答错误的问题，并且弄乱试卷。考试应检验相关的知识，不是考察解决谜题的能力。

还有一个常见的问题是没有告知学生每个问题在考试评分中的相对重要性。假设学生需要回答三个问题，但教师没有告诉学生他认为第三个问题比前两个问题合起来还重要。学生可能在每个问题上花费同样的时间，从来没有意识到他们应该集中时间和精力在第三个问题上。他们的错误并不是在于缺乏对相关领域的了解，而是由于教师对评分方式的保密造成的。公平性要求学生了解每个问题的分值，从而相应地规划他们的答题时间。

为了实现考试的真正目标，教师必须尽可能仔细和公平地进行评分。否则会让其在设计考试时花费的努力付之东流。

一种有用的方式是在不知道答题者的情况下为每个试卷评分。一个平常表现好的学生的回答似乎比一个看上去比较差的学生的答案更令人印象深刻。另一个建议是在评分时不要每张卷子从头看到尾，而是就每一个问题对所有学生的回答进行评分。这样，教师可以仔细看每个学生给出的每个答案，而不是在一张卷子中只仔细看一两个问题的答案。此外，以这种方式进行评分会减少教师改变评分标准的可能性，因为稳定住一个问题答案的标准比统一整个试卷的标准更容易。在对任何问题进行评分之前，教师应该列出他们希望学生在答案中包含的主要观点，以便每份考卷都可以根据这个列表进行检查，从而为防止将评分标准在不同的考卷间变来变去。

与学期论文一样，考试应及时评分并反馈给学生。学生们急切地等待结果，尤其是当他们表现不好的时候，他们应尽快知道他们的问题所在。无论是懒惰还是漠不关心，拖延几周甚至几个月才给考试成绩的教师都有过失。

出于显而易见的原因，大多数教师更喜欢读书和写书，而不是设计考卷。审查同一问题的许多答案并确定每个答案能给多少分，实在不是很令人兴奋的活动。然而，教师们应该为他们的学生花上一些时间和精力，谨慎地设计每次考试和评分。教师是否这样做能明确体现他们对待自己的职业有多认真。

## 评分

在教师的所有职责中，评分是最容易引起争议的。有人认为评分本身是非常不精确的衡量学生的方式，只会物化学生并伤害他们。这种看法来源于一连串的误解。

成绩旨在表示专家对指定研究领域内学生工作质量的判断。这些信息可以通过多种方式发挥作用，比如作为基础确定是否允许学生继续上学，是否获得学位或获得学术荣誉，抑或作为指导学生或决定是否录取的指南。成绩还能帮助学

## 第二章 教学

生自己评判他们过去的努力、评估他们现在的能力，或者制定他们未来的计划。

如果像某些人所说的那样用评语取代成绩，这些功能是否会更好地实现呢？首先教师会撰写数以百计的针对个人的评价，而委员会成员要阅读数千封评价信，这是完全不现实的，更重要的是这些评语的价值是有限的，除非它们包含了学生水平的具体指标，换句话说，类似于成绩的东西。否则，相比学生的学术成就，这些评语更有可能揭示的是教师的写作风格。一位教师自认为包含高度赞扬的评价可能会被另一位教师认为只是很普通的评价，而旨在适度表扬的意见可能会被视为温和的批评。成绩的优点在于它们数量有限而且在表达的意义上非常标准化。以特殊方式理解成绩的教授不是语言歧义的受害者，而是教育欺诈的实施者。

虽然所有专家不一定对一份作业给出相同的评分，但同一学科的成员通常会同意学生的表现是否卓越、优秀、合格、较差或不及格，通常由"A，B，C，D，F"的字母来表示这样的水平。当然，任何领域的专家意见有时都可能会发生冲突，但这样做并不会抹杀他们的专业判断与外行的简单印象之间的重要区别。

怎么看待有人说给成绩是非人性的手段，将学生简化成了字母？这种批评是错误的。成绩不是衡量一个人的手段，而是衡量一个人在特定课程中的成就水平的标准。在物理学导论中得到 C 的学生并非具有 C 等的性格或者或 C 等的道德品格，而只是对物理学的基础知识掌握的不太好。

成绩并没有将学生变成一个个字母，就像平均击打数的统计并不会将棒球选手变成数字一样。泰德·威廉姆斯（Ted Williams）的职业生涯平均击球率是 0.344，而乔·贾拉吉奥拉（Joe Garagiola）的是 0.257，这并不意味着威廉姆斯是比贾拉吉奥拉更好的人，只是威廉姆斯是一个更好的击球手罢了。当然，尊重他人并不需要虚伪地假设每个人在每件事上都是优秀的。

成绩是否会促进竞争？显然，很多人都有相似的目标，不过只有少数人才能实现。不是每个人都可以成为外科医生、电影明星或职业篮球运动员。因此，竞争产生了。虽然听起来令人惊讶，但效果通常是有益的，正如吉尔伯特·海特所发现的那样，

> 有时，我们会令人遗憾地看到一个潜在的优秀学生

## 第二章 教学

在学业上很懒散，烦闷且任性，而在琐事上浪费他的时间和注意力，有时是因为他在自己的班级里没有真正的对手。而当一个竞争对手从另一个系或学校转进来时，之前说的男孩会在学习中找到一种激烈的快乐并且在生活中找到一个实在的目的，这是很令人振奋的。[1]

任何试图消除所有竞争的方案都是不现实的。但是，如果评分是公正的，成绩将有助于公平竞争，而这是一个值得追求的理想。

关于替代的评分系统已经进行了很多讨论，但构建一个有效系统的基本原则仍然很简单：它应该包含教师可以一贯地使用的最多级别。在这基础上，评分系统越详细，它提供的信息就越有帮助。我的经历告诉我：在大学里，最有效的是传统的评分系统，由 10 个符号组成：A、A−、B+、B、B−、C+、C、C−、D、F。该系统足够具体，可以提供关于学生成绩水平的必要信息，同时使教师能够一致地区分任何两个层次。尽管边界情况会出现，层次之间的区别仍然足够

---

[1] Gilbert Highet, *The Art of Teaching* (New York: Random House, 1954 [1950]), 132.

清楚。

传统评分系统中最具争议的是不及格（F）。为了不让学生接受这样令人沮丧的评分，一些大学院系会使用 NC（无学分）替代该等级，这向教务部表明学生不应该得到任何学分，并且成绩单也不应该显示学生已选修过该课程。但是这个等级具有欺骗性，因为学生确实选了这个课，并且没有掌握它的重要内容。需要两次、三次或四次重修才能通过微积分考试的人缺乏一次就通过的学生的数学能力或学习能力，不应该向关心学生表现的人隐瞒这样的问题。失败不是致命的，但我们应该通过它们进步，而不是要重新命名它们，并假装它们从未发生过。正如我的一位前同事在一次讨论 NC 的教师大会上所说的那样："在我死后面临天堂法官的审判，评估我的人生时，我宁愿我的人生得到 F，也不要说我的一生等于没活过。"

但是，公平的评分制度并不能确保公平的评分。这取决于教师对评分系统使用的认真态度。一个潜在的问题是打分没有完全基于学生的学术水平。不相关的标准包括学生的性别、种族、宗教信仰、国籍、外貌、着装、个性、态度、先天能力和以前的学习成绩。在决定学生的成绩时，教师不应该考虑这些因素，课程中的表现是唯一的依据。[1]

确保不会有无关因素干扰打分的最有效方法，是让教师在学期开始时就明确地说如何确定最终成绩。期末考试的成绩的占比多少？还有论文和其他作业和测验的占比。实验的工作占多少？学生参加课堂讨论的表现会成为一个因素吗？从一开始就回答这些问题，使学生将精力集中在课程中最重要的方面，而不是浪费时间来揣测教师的意图。

对评分系统的另一种滥用是常被称为"依曲线打分"的做法。这个方案的实质是教师在课程开始之前就决定好有百分之多少的学生将获得每个评级。这种方法可能会在图表上看起来很好看，但在概念上是不清楚的。虽然学生的成绩应该根据合理的期望来进行判断，但这些期望不应依赖于碰巧同时选课的学生是谁。

试想一位在考试中获得 80 分但总评是 D 的学生的困境：这只是因为大多数同学的得分更高。然而在接下来的一年，在同一门课程中，另一名学生在同一考试中获得了 80

---

[1] 如果你认为给学生的努力程度或者进步予以正式的认可是很重要的，那么就应该会同意给这些特殊目的额外的评价，而不是改变成绩的公认含义，从而破坏其原本的使用方式。

分并获得了 A，因为这一次几乎所有同学都得分较低。两名学生，实际表现相同但成绩不同，该评分系统显然不公平。

那么，为什么许多教师会采用这种方法呢？因为这样做，他们就避免了承担每个年级的学习质量的责任。他们也可以自由地设计考试而不用担心结果偏差，因为即使最高是 35 分（百分制），按曲线打分的话也会让结果看上去可以接受。然而，这种表象是有欺骗性的，因为这样就把班级中的排名与对课程内容的掌握相混淆了。削足适履式地依曲线打分的做法是概念不清导致的，因此不应该被使用。

另一种扭曲打分系统的方式是不愿意给高分，不过这在当今已经比较少见了。采取这种态度的教师以严谨为荣。但是，正如一个三年级的小学生在作文课中得 A 与一个大学生在写作课中得 A 很不一样，一个新生可以得到 A，而不必与乔纳森·斯威夫特（Jonathan Swift）或乔治·奥威尔（George Orwell）在文学上旗鼓相当。得 A 也并不意味着学生已经学会了关于课程内容的所有知识，只有基于合理的预期，才能判断学生是否做了出色的工作。很少授予高分的教师不能区别好工作和差工作。这种不负责任并不是在支持学术标准，只会曲解评分等级，从而减弱它们适当的功能。

## 第二章　教　学

　　我接下来谈谈在 20 世纪 60 年代变得普遍的关于评分系统的滥用——避免打低分，它在今天仍然是对打分系统最严重的威胁，这种做法通常被称为"成绩通胀"。几十年前，当"绅士 C"流行时，C 是完全可接受的，反映了合格的表现。B 值得称赞，表明工作很好。A 是卓越的象征，标志着非常出色的成就。今天，这些意义已经改变了。C 表示表现糟糕，B 表示传统上曾经的 C，而 A 表现为过去曾可以给 A 或 B 的工作。因此，当前的评分系统缺乏明显的卓越的标志，学生可能会因此被剥夺对真正卓越的肯定。

　　什么导致了评分通胀？答案在于那个时代的气质，也许在查尔斯·雷奇（Charles Reich）的 1970 年畅销书《绿化美国》中体现得最清楚。他形容年轻一代"彻底拒绝卓越和相互比较的概念"，并为此提出以下的辩护："每个人都有自己的个体特殊性，而不需要与其他任何人相比。有些人可能是一位出色的思想家，但他在思考方面并不比其他任何人'更好'，他只是拥有自己的卓越。一个很不会思考的人依然是出色的——以自己的方式。"[1]

---

[1] Charles A. Reich, *The Greening of America* (New York: Random House, 1970), 226-227.

如果所有人都同意一个人是出色的思想家而另一个人思维混乱，那么坚持认为第一个人不比第二个人更会思考则是自相矛盾的。抛开雷奇的乐观，第二位可能没有任何值得一提的美德。在那种情况下，他不会"以自己的方式出色"，他不会以任何方式出色。

停留在这些显而易见的观点上会忽视那个年代特有的气质。那时校园被暴乱的学生围困。虽然当年激进主义的主要动因是越战，但诸如少数族群的权利和学生自由等长期存在的问题也很突出。在所有政府的、工业的和社会的表现形式中，学生最本质的对手是"权力结构"。权威要被打破，权力要被归还给"人民"。大学被视为该权力结构的盟友，向最终控制社会的人灌输教条。抗议者将他们认为参与社会和政治压迫的国家与教育机构联系在一起，他们认为这些教育机构在过时的学术传统中囚禁了学生，并导致他们之间的激烈竞争。因此，最初作为攻击政府政策阵地的大学，反而成为反感"体制"的人所攻击的目标。

整个20世纪60年代，抗议者都在呼吁终结一切歧视。起初，这些要求是针对种族、性别或国籍歧视的。但是当大学的反应不够令人满意时，学术权力结构不仅被视为政治敌

## 第二章 教学

人,还被视为道德敌人。所以另一种形式的歧视也受到了攻击——基于成就的歧视。

这种在雷奇那里体现出的具有误导性的平均主义,拒绝接受对实际贡献的判断。成绩被认为是压迫性的,学位和奖项被说成是精英主义设置的绊脚石,是严重的罪恶。在这种压力下,全国各地的大学院系都降低了预期,取消了考试,或者完全放弃了成绩评定,或者通过过度的成绩通胀将其实际废除了。

一些教师没有退让,并努力维持学术的标准,但许多人——无论是糊涂还是怯懦——都忽略了他们的责任,放弃了对教育质量的关心。结果,美国高等教育失去了目标感,并遭受了我后来称之为"卓越的阴影"的惩罚。[1]

几年后大学有所好转,但是成绩通胀仍然存在,部分原因是教师担心给予自己的学生实际的成绩可能造成不公平,因为其他学生可能获得虚高的成绩。然而,解决这个问题的方法很简单并且已经被多所大学采用,其中成绩单不仅包括学生的课程成绩,还包括课程中所有学生的平均成绩。通过

---

[1] Steven M. Cahn, *The Eclipse of Excellence* (Washington, D.C.: Public Affairs Press, 1973).

这种方式，成绩通胀是公开的，其不公平的优势将被消除。

对于教师来说，早就应该回归到正确地使用评分系统给学生应有的分数了。在这个过程中，教师们将履行他们最重要的职责之一——提供准确的评价。

## 教师的角色

在强调了参与教学细节的重要性后，我现在转向更一般的问题，即教师与学生之间的适当关系以及教师可能面临的问题。

利用教师的教育权威，让他们的言行看起来好像永远是对的，这是危险的。请记住，教师们通常在课堂上挥洒自如而不会受到强有力的智力挑战。教师向全班讲课，学生们忙着做笔记，试图理解教师早就掌握的复杂内容，并希望得到青睐和高分。学生倾向于提出一些很基本的问题，而教师的回答就像乒乓球冠军挡回初学者的发球一样容易。在这种情况下，教师很容易迷恋于自己的博学。

鼓励这种自恋态度的另一个因素是，与大多数其他专业人

## 第二章 教　学

员不同，大学教师主要面对的是经验和成就都很有限的年轻人。教师们往往比他们的学生有更广泛和深入的知识背景，因此他们特别容易产生自命不凡的错觉。但是和其他人一样，教师们对许多领域一无所知，甚至在他们自己的专业领域内也可能出错。他们不应该引导学生认为他们是全知和完美的。

事实上，只要教师提出不被其他有声誉的学者认同的意见时，学生就应该被告知这个情况。他们有权知道他们的老师表达的是共识还是仅表达多数人或少数人的观点。教师捍卫个人的信念是恰当的，但不应忽视严肃的替代理论。一位教师应该考虑这个问题：如果有另一位合格的教师作为授课老师，这个人是否会提出与我的观点相冲突的观点？如果答案是肯定的，那么教师应该提醒学生，从而增加他们对相关问题的理解。

例如，在教授哲学导论时，我讨论了自由意志和决定论这样的传统问题。简而言之，问题在于决定论（即认为每一种事态是由前一事态导致的论点）是否与自由意志在逻辑上是一致的。如果我们对行为的选择是由其他因素引起的，而这些因素本身是由其他人引起的，那么这些行为是否是自由的？

我自己的观点是,决定论和自由意志是不相容的,即两方中的一方是错误的,尽管判断到底哪个有问题是不容易的。然而,大多数当代哲学家认为这两种观点是相容的,这也是许多过去的著名哲学家,包括霍布斯(Hobbes)、休谟和密尔的观点。因此,在向学生讲述这个问题时,我会为自己的观点辩护,但也会强调这是不占主流的观点。我也尽最大的努力来尽可能地解释那些与我观点不同的人提出的论点。

正如对立的学术立场不应该被忽视,它们也不应该被歪曲。我们建议教师在讲述自己的观点时设想观点不同的专家也在教室里。如果他们在场,他们会认同教师所表述的是他们的观点吗?他们是否同意至少他们的一些论点得到了充分的解释?如果不是的话,教师应该更加努力以公平的方式对待反对者的观点。

褊狭的教师通常会在回答问题的方式上显露出他们的问题。他们不是鼓励每个学生独立思考并提出挑战性的看法,而是用权威进行威慑并期待顺从。他们的目标不是教育,而是灌输。这种培养意识形态热情的尝试在政治集会上很合适,但在大学课堂上是完全不合适的。教师应该引导大家做

## 第二章 教 学

批判性的探讨,这个过程的一个基本特征是让所有的参与者(包括教师)都保持心态开放。

但是,开放的心态不应该与空虚的头脑相混淆。负责任的教师不会被动地只是坐在那里,允许学生们放弃学术标准。O. B. 哈迪森(O. B. Hardison)在1972年的著作《走向自由与尊严》一书中描述了这种错误的方式,这反映了当时流行的观点。他将教师的角色称为"智力网球比赛中的网"[1]。他描述了这样一个场景,他安排两个学生来一起讲课,然后发现他们的讲授"很糟糕",充满了"公然的虚伪和怪诞的模仿"。那他作为教师又做什么了呢?"我吹了吹我的烟斗。在这节课结束的时候,我站起来了,拍着学生A和B的后背对他们的合格表现表示感谢。"[2] 如果一种教育理论以人类尊严的名义允许这种毫无掩饰的欺骗,那么它肯定是出了大问题。

不应该让学生认为所有被表达的观点都同样合理。有些论据是有效的,而另一些则是无效的。有些假设是有根据的,有些则没有。一些看法可能是自相矛盾的,它可能与现

---

[1] O. B. Hardison Jr., *Toward Freedom and Dignity: The Humanities and the Idea of Humanity* (Baltimore: Johns Hopkins Press, 1972), 139.

[2] Hardison, *Toward Freedom and Dignity*, 140.

有证据背道而驰，其含义也可能是不清楚的，或者根本没有任何意义。受过教育的人不能只是一味相信，他们应该相信他们可以解释并且能够有力辩护的东西。

并非每项工作都是很好的，事实上，有些工作很糟糕。一个人可能是和蔼可亲、愿意合作而且能够体谅他人的，但他们也可能会炮制混乱的经济学论文或者不合格的实验室报告。良好的意图并不是表现不佳的理由。高尚的目标并不能抹杀明晰与模糊、准确与粗心、博学与无知之间的区别。负责任的教师应该坚持这些区别。

忽视他们的原因有时来自于对教师角色的误解。例如，哈迪森假设一个班级应该"对敏感群体有明显的亲和力"，好的教学应"类似心理治疗"。[1]让那些有英语、经济学或工程学高级学位的人去尝试担任临床心理学家的角色，是既愚蠢又危险的。一个正在经历感情危机的学生应该被送到学校的心理咨询处，而不是由医学专业的新手治疗，无论这个建议有多善意。我们不会假设大学教授会做手术，他们也应该避免试图成为精神科医生。

---

[1] Hardison, *Toward Freedom and Dignity*, 147.

## 第二章 教 学

关于教师与学生之间正确关系的另一个误解需要特别关注，因为这是一些最令人震惊的渎职行为的根源。我想说的是教师应该与学生成为朋友的观点。悉尼·胡克（Sidney Hook）指出，这种方法的错误在于：

> 一位教师其实应该保持友善而不要成为学生的朋友，尽管这可能为后来的他们之间的友谊铺平了道路，因为友谊是一种个人偏好的标志，而且会无意识地以纵容、偏爱和区别对待的形式表现出来。
>
> 一个成为"哥们儿"的教师，会让朋友的忠诚变成纵容，这时候他就失去了他的职业操守。他应该离开教室而去做专业的政客。[1]

教师们应该关心每个学生的进步，但同时应该保持冷静，能够在不考虑个人利益或好处的情况下进行打分、评价和行动。哪怕是表面上的偏袒，也可能通过损害教师诚信的方式而损害学习过程，导致学生怀疑同样的标准是否被公平

---

[1] Sidney Hook, *Education for Modern Man: A New Perspective* (New York: Alfred A. Knopf, 1963), 203, 207.

地运用于每个人。

因此，每位教师都应该谨慎行事，确保没有学生获得优待。如果教师允许一名学生写论文而不是参加考试，那么该课程中的每个人都应该可以选择写论文。如果一个学生被允许晚交作业，那么所有有类似情况的人都应该有同样的机会。如果一个讨论班上的学生被邀请到教师家吃晚饭，那么其他人也应该收到邀请。

公平原则的一个显而易见的推论是，在师生之间不仅朋友关系不适当，恋爱关系更是如此。即使一名学生没有在该教师的班上上课并且从未打算成为他的学生，他们的关系也向学术界的其他成员表示，该教师不会从专业角度看待学生们。如果试图对这种亲密关系保密，教师的诚信就会因此受损。无论如何，这种隐瞒的努力几乎总是失败的，从而损害教师的诚信。

如果学生试图与教师发生婚外情，唯一正确的反应就是明确拒绝。另外，教师试图引诱或强迫学生发生关系则是一种对权威的严重滥用，足以为此开除这位教师。

事实上，容忍同事发生这种不负责任行为的教师本身也是不负责任的。

第二章 教　学

当一名学生已经毕业或不再在大学就读时，再与教师进行的任何私人接触就完全取决于他们两个人了。但在本科和研究生学习的过程中，师生之间唯一合适的关系是专业的关系。保持这些界限符合每个人的最佳利益。

总之，一个教师应该引导学生学习，而不是寻求成为他们的精神科医生、朋友或情人。专业指导不应该被教条主义或肆意放任所破坏。

## 教学评估

由于教师的正确作用是指导学习过程，因此必须尊重和保护他们这样做的权力。这种权威可能会以各种各样的方式受到威胁，其中最为公然的挑战是试图支配他们的观点。常见的主要根据学生的反馈来评价教师教学技能的方式，是一种更加微妙但同样严重的威胁。

20世纪60年代初期，几位热心的本科生编辑的教师评估手册首次出现在大学校园里。最初，这只是一个有意思的新尝试，手册用轻松的方式告诉大家哪些老师比较有趣或无聊，从而给那些来选课的学生一些帮助。到20世纪70年代初，这些非正式的学生反馈已经变成了复杂的统计数据，通过正式程序获得，并且行政人员在很大程度上依靠这些数据来决定教师的续聘、晋升甚至长聘。建立这样一个体系的基本原理是，当教师不履行义务时，学生就会承受糟糕的后果，因此，学生应该对评估教师有非常大的发言权。

这样的推理是错误的。当飞机驾驶员未能履行其义务时，乘客经常会承担后果，但乘客在评估飞行员时不应该有很大的发言权。比如一架飞机着陆时很颠簸，飞行员有错吗？仅仅作为一个乘客并不能给出判断。

一些学生评分的支持者认为，学习者是他们自己表现的最佳评估者，就像餐厅顾客相比厨师能更好地评价食物。但是，虽然那些吃饭的人肯定知道食物的味道，但营养学家最能确定其营养价值，正如教育者最能判断教育价值一样。

根据"学生"二字的定义，学生们并非已经知道他们正在学习的东西，因此他们也无法判断老师的教学效果如何。也许他们会发现一个概念难以理解，但在这种情况下，教师应该受到指责吗？这是不是因为学习内容本身的难度？这些内容可以被更有效地解释吗？也许不行。学生给老师打分这

## 第二章 教　学

个看上去简单的方法可能会偏离我们的初衷。

在我读高中的第一年，我们的代数老师是一个温和的人，他自己承认对高中以上的数学知之甚少。讲课时他主要针对班上较差的学生。作为一个对代数很感兴趣的人，我觉得课程比较无聊，经常抱怨没学够。

在高中最后一年我学习了三角学，这门课的教师讲得特别生动，对这个学科的了解也显然超过了高中的程度。他的课程主要针对班级中最强的学生，会讲得很快，我很高兴。

时到现在，我把三角学的基础知识几乎都忘了，但我还是可以轻松解决各种基本的代数问题。当时看似无用的重复却提供了对基本技能的牢固把握，而最初令人兴奋的课程从长远来看却讲得太过潦草，没有长久的价值。我在学的时候以为自己没在学，而没在学的时候却以为自己在学。

这样的错误很容易发生。不熟悉相关知识的学生又如何辨别教师的讲授是否浅薄或者不准确，抑或是不完整或带有偏见的？当然，学生们可以方便地印证一些事实，比如教师是否定期上课，是否及时判卷，是否给学期论文详细的评语，并有答疑时间。然而，学生无法判断教师是否有能力上好课，也无法预测其教学方法是否会在他们毕业后被证明是有价值的。学生知道教师是否让人喜欢,但不知道他们是否真的知识渊博。学生知道课程是否令人愉快,而不是他们的内容是否可靠。

考虑一个经常出现在评估表格里的问题:"教师是否介绍了该领域的最新发展?"可我们怎能假设学生知道教师讲授内容的来源?即使教师告诉学生的一些"最新进展",学生又从何判断这些东西真的是最新的和重要的呢?

几年前,研究人员在受控条件下进行了一项实验,以检验学习者是否可能会对教师的能力判断出错。[1] 他们让一位长相出众的专业演员假扮权威,向几组包括精神病医生、心理学家和社工的教育工作者们做报告。听众被告知他们将听到胡麦农(Myron Fox)博士的报告,他是将数学应用于人类行为研究的专家。他的演讲题目是"用于医师教育的数理博弈论"。这位演员被要求在报告过程中和问答环节时特意含糊其辞,使用生造词,前言不搭后语并进行相互矛盾的陈述。"所有这一切要穿插在对不相关的主题进行解释和无意

---

[1] Donald H. Naftulin, John E. Ware Jr., and Frank A. Donnelly, "The Doctor Fox Lecture: A Paradigm of Educational Seduction," *Journal of Medical Education* 48 (1973): 630-635.

## 第二章 教 学

义的引用之间。"

在一小时的讲座和随后的半小时讨论结束时,研究人员向听众分发了一份问卷,询问他们对这位"胡博士"的看法。以下是他们的一些回应:"出色的演讲,很享受。很亲切。很连贯,看起来很热情。生动的例子。极其清晰。在掌握第一手资料的基础上进行了出色的分析。他相当有魅力。博学。"我最喜欢的回复是由一位参与者提供的,他觉得讲座"过于学术了"。最重要的是,所有听众的反应都是相对正面的,没有人识破这个恶作剧。作者的结论是"学生对学习的满意度可能只代表了他们以为学到东西的幻想"。

我曾经路过一个大学布告栏,看到那里宣布学生想要召集一次会议,要求在教师评估中发挥更大的作用。有个大标志写着:"校领导肯定认为我们很愚蠢。"但是,从"胡博士"的案例可以清楚地看出,问题不在于学生的才能,而在于他们在特定领域方面的专业知识。那些被这位演员愚弄的教育工作者都很聪明,但由于他们对于他所讨论的材料知之甚少,所以他们并不适合评估他的表现。

学校如此严重依赖学生评估的主要原因是出于一个想当然的假设,而不是对其可靠性的数据统计研究。然而,有证据表明学生的判断可能会受到教学技能以外的因素的显著影响。以下是对相关文献梳理的结论：

> 大多数关于学生给教师打分的研究并没有表明评分衡量了教学效果、教学技巧、学习成就或是对基本概念的理解。评分似乎衡量的是学生的满意度、学生对教师和班级的态度、学生的社会心理需求，以及教师的个性、知名度以及表达的质量。[1]

不可否认，学生评分会产生量化的结果，很容易让人看起来很精确。例如，我面前就有一张电脑生成的电子表格，这是许多大学每个学期都会为教师准备的。它表明在一门特定的课程中，在 1—5 分的区间内，教师对"主题的掌握"获得了 4.85 分，而该课程所有授课的教师平均分数为 4.67。该系的所有课程在此项的平均分是 4.60，学校范围所有课程此项的平均分是 4.62。无论这种所谓"精确"的统计能给人

---

[1] M. C. Wittrock and Arthur A. Lumsdaine, "Instructional Psychology," *Annual Review of Psychology* 28 (1977): 417-459.

## 第二章 教学

多少可靠的错觉,请注意,这位教师得到超高分的课是英语写作。将这些无聊的数据发给教师,并让他们知道这些分数将在考虑续聘、升职或者长聘时发挥重要作用,是对所有参与者都有害的。

评估教师的合理方法应该基于教学出色的同行教师在课堂上对被考核者表现的观察。有些教师可能会反对同行听课,但是我从来没有听说任何教师会禁止旁听的人,如学生的朋友或亲属,甚至是其他院系的的教员来听课。那么,为什么就是那些最有资格评价教学内容的人会被拒之门外?

就像医生们可以观摩彼此的治疗一样,教师应该被允许观摩彼此的课程。这是最简单、最有效的办法,可以使教师鼓起他们的勇气,让他们从同事的评价中获益,并显著提高本科和研究生教学的质量。

我们有理由怀疑不让其他医生来观摩他手术的外科医生,我们应该同样怀疑任何将同行拒之教室门外的教师。

主要根据学生的意见来评估教师不仅不合适,而且也很危险。正如查尔斯·福兰克(Charles Frankel)所说:"教学是一种职业关系,而不是一场拼人气的比赛。让学生参与教师的选拔或晋升……是变相地威胁教师。"[1]教师永远不应该害怕学生,因为教师应该质疑学生的固有信念,指出他们的偏见,以苛刻的作业要求他们,严格评价他们的工作。教师要是害怕学生的话,干脆卷铺盖回家,因为他们无法教育他们害怕的人。给予学生好处以换取他们的支持是可耻的,没有人应该鼓励这种行为。不无巧合的是,学生评估的使用越来越多地伴随着"成绩通胀"出现。如果教师的生计取决于他们在学生中的受欢迎程度,那么从自己的利益出发就会驱使他们给学生高分。毕竟,有谁不愿意对那些对自己好的人更好一点呢?我们自己是不是也不那么喜欢给我们泼冷水的人?再说得直白点,被判不及格的学生几乎不可能给教师打高分。

各种实证研究都清楚地表明了这种评估的偏向效应。一个特别具有说服力的研究有个尖锐的标题,《宽松的打分改善了教学评估而不是学生的表现》。[2]毫无疑问,一些得低分的教师是"罪有应得"。但其他教师却因为他们对课程要

---

[1] Charles Frankel, *Education and the Barricades* (New York: Norton, 1968), 30-31.

[2] Ross Vasta and Robert F. Sarmiento, "Liberal Grading Improves Evaluations but Not Performance," *Journal of Educational Psychology* 71 (1979): 207-211.

## 第二章 教　学

求的坚持、有挑战的考试，以及严格的评分或不流行的学术观点而成为评估的受害者。因为不能依靠学生的评价来区分这些尽职尽责的教师和他们不负责任的同事，所以依赖这些评价不仅会扭曲教师与学生之间的正确关系，还会威胁到学术标准。

当然，一些教育专家认为，从适当的角度来看，学生评估至少可以提供一些有用的信息。但是，在数百项研究中得到的洞见是，参考学生评价始终需要在同行评估的语境下进行。否则，就像一位研究人员所说的那样，大学就会失去方向。[1]

公司高管的晋升是靠其他高管来决定，律师是不是能成为合伙人也是由律所的其他律师来决定。类似的，教师的续聘、晋升和长聘等事宜也应该由其他教师来决定。事实上，没有专业人士应该推卸评估其同事的责任。这样做不仅不合适，还对那些被服务的人有害。毕竟，如果允许一个庸医在医院做手术，谁应该承担责任？是病人还是其他医生？如果

---

[1] Charles B. Schultz, "Some Limits to the Validity and Usefulness of Student Rating of Teachers: An Argument for Caution," *Educational Research Quarterly* 3 (1978): 12-27.

一个不称职的人在大学教书,有过错的人不是学生,而是其他教师。

教师有理由在学术领域保持权威性,当评估教学的时候,他们不应该放弃这种权威。

# 第三章　科研和服务

## 学术道德

　　到目前为止,我主要在谈教师的教学任务。但除了教学之外,大多数教师都要做研究。他们究竟是否有义务两者都做?

　　如果说"科研"是指持续学习自己的领域,那么答案是肯定的。被信任指导他人的人有责任知晓其所在领域最新的进展。在一个学术领域中,这一承诺涉及跟踪学术著作和期刊中本领域的最新成果。

　　当我们寻求法律咨询时,我们有权期望我们的律师了解最近的法院判决,而不仅仅依赖在法学院学习的案例。类似的,学生有权假定他们的教师不仅仅是重复陈旧的想法,还能够告诉他们目前最有前景的新方向。博士学位只意味着在其颁发的时候,学位的获得者已经掌握了一门学科。该学位并没有让持有人终生免除继续学习的必要。依靠重复陈旧思想的教授与依赖过时治疗手段的医生一样是不负责任的。两者都是提前退休的理想人选。

尽管教师们有义务跟上他们领域的发展,但他们是否也需要做出原创性的贡献?对于那些教学仅限于入门水平、通常在两年制学院任职的教师来说,出于教学原因要求他们还进行发表是不合理的。有人可以成为一名优秀的微积分教师,而不需要撰写前沿的数学论文。对于那些专门教入门外语、英语作文或其他类似课程的教师也是如此。实际上,博士学位不一定是这些岗位的先决条件。有教学能力而且对所教主题的最新知识以及呈现方法有好的把握应该就足够了。相比之下,四年制大学的大多数教师需要能够与任何水平的学生一起工作,包括那些选修专业课程、高级讨论班或做独立研究的学生。对这些教师而言,写书或者写论文与他们的教学责任直接相关。

这些任务也有助于磨炼精当地表达创新想法的技巧。并非每一个听起来有说服力的想法都能经得起持续的书面考

## 第三章 科研和服务

察,特别是当读者是专家时。那些希望在课堂上提供原创视角的教师应该有能力应对基于严格标准的定期评估,这些标准由经常审稿的同行制定和保持。作为学者,把他们的工作交给同行评议,类似于对飞行员进行定期的测试。在这两种情况下,我们都要对专业人员进行考察,以确定他们的能力是否仍然处于完成职责所需的必要水平上。

所有能够进行科研的教师都有义务这样做,下面还有另一个原因。教师们相信他们领域的价值,而没有一个学科能在没有原创贡献的情况下持续发展。没有人比大学教师更有资格提供这种持续的创造力。那么,教师的发表就应该来自于他们对于学科发展的责任。

即便如此,很少有贡献会产生革命性的突破,大多数人只能取得一定的进展。要使一个领域蓬勃发展,需要众多学者都做出贡献。即使那些天才也会将自己的工作建立在前人工作的基础之上,参考同行的评论,并让后来人继续探索。因此,那些能够做出贡献的教师应该留意古希伯来圣人的禁令:"你的任务不是完成它,但你也不能自作主张地放弃它。"[1]

---

[1] *Ethics of the Fathers*, trans. Hyman Goldin (New York: Hebrew Publishing Company, 1962), 2:21.

一旦我们认识到学术的价值，我们就应该思考这一行当固有的某些道德问题。无论采用什么具体的研究方法，所有学者都受到共同的伦理原则的约束。其中最主要的一条原则就是一个人不应该"无功受禄"。这条规定禁止一切形式的抄袭，包括未经同事同意而使用其未发表的材料，也不能将学生的想法作为自己的想法传播出去，还要对发表工作做出实质性贡献的所有人进行致谢。

一个推论是，如果工作是别人做的，你就不能挂名当作者。这种挂名的做法虽然在某些领域已经成了潜规则，但显然是不诚实的。我的工作是我的，你的是你的，即使你是我们系的元老，我的工作也不会成为你的。一些世界知名的科学家因为其署名的文章含有伪造的数据而名誉扫地，也许他们把挂名当成对那些希望提高知名度的同事的帮助。无论什么原因，如果这些名人没有对文章做出贡献，他们的名字就不应该出现在这些文章上。

负责任的科研的另一个原则是认真开展工作，并对细节给予应有的关注。否则，结果将是不可靠的，并不是对所在领域有价值的贡献。因此，应该仔细研究现有文献，所有引文都应该准确，反对意见不应该被扭曲，结论不应该被夸

## 第三章　科研和服务

大。此外，结果应尽可能以有用的形式呈现。这条规则常被那些急于发表或无限期拖延的人所违反。

前者非常渴望积累发表，他们不会花时间来确保以清晰而有序的方式呈现观点。相反，他们文章中的表述可能很让人迷惑，而寄希望读者自己能弄清楚。有时候，编委会会同意发表这些文章，如果它确实能够传达重要的想法，但他们可能也会像最终的读者一样感到失望，因为作者未能以专业态度准备稿件。

那些发表得太快的人通常也会发表太多。追求数量而非质量会造成混乱，使得评价作者贡献是否重要变得很困难。

我记得一位有"发表强迫症"的前同事。他曾邀请我们几个人浏览一个一人多高的金属柜子，里面装满他无数的文章，但是我们也发现他在两本杂志上发表了同样的文章。当我们问起这个怪事时，他自觉地回答说在投稿第二个期刊的时候他忘记了曾经将这篇文章投给另一本期刊。当他收到两封录用通知书时，他不愿意放弃任何一个出版的机会，所以也没有将他的错误通知两本期刊。这明显是一位需要更多思考和更少发表的教授。

其他人可能会犯一种截然相反的错误。无论是出于懒惰、胆怯，还是对完美无望的追求，他们几乎都没有发表任何内容，没有得到同行的反馈，也没有对他们领域的进展做出实质性的贡献。

　　这里有个失败的例子，当我第一次见他的时候，这个人正在完成他的博士论文，这是一个关于20世纪哲学主要运动的比较研究。他的手稿质量如此之高，以至于他研究生院的几位教授都敦促他将其作为他的第一本书出版，这是他们所设想的杰出学术生涯的第一步。他向他们保证，只要把文字改好了，他就会把它送到大学出版社。后来他拿到了助理教授的教职，他也向那个大学的同事做了同样的承诺。

　　然而，当他继续完善手稿时，这本论文的内容看起来有点过时了，所以他又做了进一步的研究并添加了新的内容。然后他觉得这个扩展的版本还需要进一步的打磨，并且再次开始修改。这种没有结果的循环年复一年地持续下去。他的同事们建议他试着将部分内容作为期刊文章发表，但他不愿意这么做，坚持认为它只能作为整体出版。因为继续宣称手稿即将完成，他甚至获得了长聘和晋升。将近20年过去了，他还是没有发表这项工作，或其中的任何一个字。

他的工作真的有价值吗？他不知道，因为他不愿意基于专业标准对其工作进行同行评议。他的工作是否会对其领域做出重大贡献？我们只能猜测，因为他的同行没有机会读到他想说的话。因此，这个人对自己和他珍视的课题都是一种伤害。简而言之，他没有履行作为学者的义务。

## 学术共同体

虽然孤独可能会激发创造力，但学者并不能在与世隔绝中孤立发展。他们依赖出版商、图书馆员、研究助理，最重要的是他们依赖彼此。在这样的前提下，一些教师将学术发展视为纯粹的自我扩张之路的态度是不恰当的。他们喜欢展示自己的博学，而忽视他人的贡献。这些教师中孤芳自赏的"孔雀"没有意识到他们是一个学术共同体的成员，没有这个共同体就没有他们自己。如果他们的同事没有为大学出版社、专业期刊、专业协会和高等教育机构的活动提供学术支持，那么他们学术上的荣耀还有哪些能保持下来？

以合作的态度相互对待的学者太少了。例如，在美国哲学协会最近的一次会议上，我遇到了一位教授，他是我们国家最著名的几位哲学家之一，他刚刚出版了一本非常了不起的专著。我告诉他我多么钦佩他的最新工作，然后抱歉说他肯定听过很多次这样重复的赞美。令我惊讶的是，他懊丧地回答说，事实上我是第一个在各种会议上称赞他这本著作的人。其他人找到他只是想表达他们的不同意见，从他们的嘴里没有一句赞赏或鼓励的话。

在许多书评中也很明显地看到了这种对其他学者不以为然的态度，这些书评几乎完全集中在作品的弱点上，而对其可能的优点几乎没有任何讨论。我读过一篇关于一本讲数学史的书的书评。根据书评的脚注，该书被作为一门研究生课的参考书，而这门课的组织者是该领域最杰出的学者之一。显然，这本书肯定会有一些很突出的优点。然而，在整整八页的书评中，作者几乎没有说任何赞扬的话，看上去似乎有点正面的评论也仅限于"最后四章比其他章节的论证更好些"这样的话。如果这项工作没什么好推荐的，为什么它应该得到如此长篇的评价？

书评作者确实有权表达负面的评价，但也应该向读者提

## 第三章 科研和服务

供一个关于该书内容的直接说明,并且可以大致介绍它的风格和实质价值。毕竟,作者花了数千小时写这本书,读者至少可以抱着相对同情的态度去了解它。

学者们为彼此提供各种类似这样的学术服务,从而保持学术卓越的标准。他们要判断对方的手稿是否有出版的价值。他们评估对方的基金申请,以确定是否值得资助。他们还要评估彼此的学术成就,为教师聘任和晋升向院系提供建议。在每个这样的任务中,评价者对被评估者也对那些使用评估结果的单位负有责任。

一个基本的原则是,如果你不确定是否能按时完成评价的任务,就不要接受邀请。同意评审一份手稿,然后几个月也不读,这对作者和那些依靠评审结果做决定的人都是一种伤害。除紧急情况外,工作应按照承诺完成,有太多其他任务也不是拖延的借口。虽然那些过度承诺的人可能是出于好意,但是如果他们未能履行承诺则与那些不承担任何类似义务的人同样不负责任。

评估人员被预设是公正的,因此他们应该明确他们与被评估的人的私人关系或工作上的关系。如果评估者和被评估者是院系的同事、著作的合作者、论文导师、长期的朋友,甚至在我所知道的一个案例中是夫妻，这都不应该是秘密。根据这些过去或现在的关系，那些组织评估的单位或个人可以决定评估者是否还适合做评估，但前提是应该让评估组织者掌握充分的相关信息以做出判断。

可靠的评估者不会沉迷于挑剔的批评或过分的赞扬，他们拒绝美化平庸，但也应该认识到不完美的东西可能是有价值的。他们关注的是要评价的工作，而不是关注作者的个性或政治立场等无关因素。此外，他们需要承认自己的学术偏好，承认并非所有其他权威专家都会同意他们的所有判断。一个音乐学家可能喜欢晚期浪漫主义音乐，而另一个可能讨厌它，但在评价一个对施特劳斯交响乐的批判性研究的时候，这两位评论家都不应该暗示所有学者都会对这些作品的价值有同样的看法。即使在一门学科内部存在概念或方法论上的分歧，也不应该阻止一个可靠的评估者对一个"盟友"的工作做负面判断或者向对手的工作做出正面评价。一个人可以拒绝柏拉图主义，但同时欣赏柏拉图这个人。

写推荐信是教师们最常见的职责之一，这时候偏心对于他们的诱惑尤其强烈。当遇到不是特别有能力的学生或同事来找我们写推荐信的时候，应该怎么做？

## 第三章　科研和服务

错误的做法是提供一份带有欺骗性的推荐信，夸大优点而忽略缺点。做了这种不诚实行为的人可能还会认为自己只是在用无害的方式帮助别人，但一些轻信的人很容易被推荐信所欺骗，按照它进行判断，然后承担令人失望的后果。由于这种欺骗，其他申请人可能会失去一次宝贵的机会。这不是一个无害的笑话，而是典型的欺骗，背叛了别人对推荐人的信任，会使其他人的利益受损。

一贯写出误导性推荐信的教授最终也可能会伤害自己。我曾经读过的一封最令人印象深刻的推荐信来自于一位知名哲学家。他高度赞扬一位年轻的助理教授候选人，并指出："他的工作非常出色，以至于我不认为他是我的学生，而是我的同事，我不记得我曾经对其他人也这么评价过。"这种评价似乎棒极了，直到我发现这位教授对他的每一位高年级学生都写下了完全一样的话。

可悲的是，这种不负责任的态度有时会持续多年，也没有人因此会变得更聪明。我认识的最不负责的教师也曾被一位国际知名学者推荐，这位知名学者习惯性地为他的所有学生们写过分褒扬的推荐信。我不知道他是否曾经想过他的"赞美诗"会导致教育评价的混乱。

关于评分"通胀"的有害影响已经说得很多了，同样有害的是推荐信"通胀"的后果，这种现象目前十分猖獗。如果所有的推荐信都是真实的，那么研究生院的每个申请人都会在继续深造时表现出"超凡的潜力"，每个科研基金的申请人都有能力完成一项"重要的学术工作"，每个教职的申请人都是一名"多产的学者和富有启发性的教师"（还是校园生活中"不可或缺的一分子"）。似乎没有任何候选人会有那些阅读或写作推荐信的人所担心的弱点。

我想要将"最夸张奖"颁给一位教授，他在推荐一位同事参评一项有极高声誉的全国性奖项的时候，称他有着"黑格尔般的全面性"和"一种康德式的严格性"。可能世界上唯一能够符合这种描述的人是亚里士多德，但他不需要经费支持。

如果一封推荐信以如下这样开头就会让人耳目一新："这是一个坦率的推荐。因此，它必然包含批评和赞美。请按照写作它的精神阅读它。"这样的语言可能成功地使内容更可信，如果这些信件对推荐人的描述是准确的，那么作者的信誉就已经被确立了。

在任何情况下，负责任的教授都应该至少向需要建议的任何人澄清，这必须是一个公正的评价，而不是一个过分夸大的恭维。那些不满意这种做法的人不应该被推荐。正如假钞破坏货币标准并导致经济社会混乱一样，"假冒伪劣"的推荐破坏了学术标准，并导致了学术界的混乱。

## 院系内的义务

大学院系的使命是追求特定领域的研究和教学的卓越。因为学者致力于追求他们所在领域的价值，所以每位教师都应该主动成为一个院系生活的贡献者。

那么，教师对于院系的主要职责是什么？其中一项是讲授符合学生最迫切需求的课程。要理解这条原则的意义，让我们假设一位英文教授希望开出一个专门研究尤利西斯的高级讨论班。然而，该系在这个学期需要有人上 20 世纪英国文学概论的必修课。在这种情况下，负责任的教师应选择满足课程需要而不是满足个人偏好。没有这种利他主义，院系就无法履行义务为学生提供最佳的学习过程。

教师的另一项院系职责是为学生提供学术规划的指导。

在指导过程中往往会出现两种问题。一种是教师糊弄事，轻率地签名同意选课计划，而没有为学生提供深入讨论他们学术规划的指导。另一种正相反，教师可能会强迫学生而不是给他们建议。这就是我所知道的一位古典学教师的做法，即使她的大学没有外语的要求，她仍然自豪地声称如果学生不学一门外语就别想从她这里毕业。

这种对权力的滥用是不负责任的，而且也是另一种漠不关心。学生有权获得学术指导，而作为学者的教师应该提供指导。为了有效地做到这一点，他们需要仔细关注每个学生所说的内容，然后仔细回答，同时考虑到每个人的能力和兴趣点。尽管有时他们最明智的建议也可能会被忽视，但院系的教师至少应该认真地提供指导。

另外一项职责是承担一部分的院系日常工作。不参与这项工作是对同事不公，让他们负担过重，而削弱了院系成功所依赖的合作精神。事实上，正如我以前的一位同事曾经说过的那样，当那些志愿提供服务的人突然意识到："船上的人比在划船的人多"的时候，麻烦就来了。

履行这种职责的方式之一就是服务于院系的各种委员会，尤其重要的是做培养计划的相关工作。这里的责任不仅在于为

## 第三章　科研和服务

其专业开发系统性的专业课程，还要设计适合不能成为专业学者的学生的课程。例如，专注于历史的本科生应该有机会学习物理学，而不用选修为未来物理学家准备的课程序列。能否提供合适的课程很大程度上取决于教学委员会的决定。

到目前为止，我主要在谈院系所有成员的共同义务，但资深教授对他们的下级同事（助教、讲师或者助理教授）有特别的责任。正如主治医生需要为住院医生提供指导一样，资深教授应该为经验不足的教师提供有关学术工作、教学方法和职业行为准则的建议。这种支持应包括阅读和评论手稿，建议可能适合发表此类工作的期刊和出版社，旁听课程并提供教学改进的建议，审查和提出关于课程大纲和考试的建议，并讨论有关学术伦理的可能的具体问题。

如果不能提供这种帮助，也是不负责任的，但更糟糕的是那些资深教授以冷漠或轻视的态度对待他们的年轻同事。当分配课程或安排时间表时，这些学术"大拿"通常会把控分配的结果，忽视过重的课程负担对年轻教员的不利影响。即使在一个很支持教师的小环境中，一位青年学者也可能难以迈出发表的第一步，因为他们同时在讲授新的课程，并在此过程中努力去掌握教学的基本原则。在充满敌意的环境中，这些压力往往变得势不可挡，导致年轻教师失去信心，无法有效地完成教学及科研的工作。资深教授应该设法缓解这个问题而不是加重它。

院系有一名特定成员有义务在维护适当的院系气氛方面发挥主导作用，这就是系主任或者院长。这一个人能够改变什么吗？当然可以，但这项任务既需要坚韧也需要灵活。

我认识一位青年教员，他上课总会迟到几分钟。系主任听说了他这个习惯，私下里找到他，并且很严肃地说教师为了学生应该按时到教室上课。那位教员很感激地接受了这个建议，迟到的问题很快就消失了。

请注意，系主任首先设法了解到了这个问题，这与他愿意倾听不无联系。正确的回应不是仅仅希望问题会自行消失，而是采取适当的措施来解决问题。必要的行动不是公开谴责，因为这会引起反感，而应该是一种礼貌性的私人谈话，这样甚至可能会增加教师对院系负责人的判断力和可信度的信心。最重要的是，系主任关心这个问题，并向该教员明确院系对专业行为标准的坚持。

更难处理的是那些院系成员没有共识的问题。但是如果院系的负责人公正行事，尊重每位教员的权利，同时坚持所有教

## 第三章 科研和服务

员都应遵守适当的职业道德，一个令人满意的解决方案通常是可以找到的。在这种情况下，理性往往能战胜怨恨。那么，为什么很多院系充满了不和呢？这没有一个统一的答案，用类似《安娜·卡列尼娜》开篇的一句话："所有幸福的院系都是相似的，但每个不和谐的院系都有自己不和谐的原因。"

一方面，专制的领导会导致怨恨和最终的反叛，而一个没有权威的领导也可能导致"无政府状态"。有些人陷入各种私人的、政治的或学术的争端当中，受到敌对派系的困扰，虽然这种对立的起源可能是很久以前的事了，但是仇恨仍然存在并在继续分裂院系的成员。

内斗是最令人讨厌的，它会浪费所有人的时间。更糟糕的是，在这种斗争中，学生通常被用作棋子，而他们的学术需求几乎被遗忘了。

而在一个友善的院系，气氛是非常不一样的。在这个院系中，那些可能在学术上意见不一致的同事也会提供相互支持，互相提供教学建议，评论彼此的学术论文，并为共同利益而一起努力。在这样的氛围中，学生的利益被异常重视，他们能够在没有教师个人恩怨的环境下追求他们的学业。努力保持这种和谐是每位教师的义务。

君子与顽童：大学教师的职业伦理（25周年纪念版）

## 毕业要求

教师不仅是院系的成员，也是学校教员的一部分。那么，作为学校的成员，他们的职责又是什么？

显然，除了在大学的各种委员会任职外，教职人员还应参加教师联席会议履行义务和行使权力（比如学生的学位资格认证和教师的招聘、留用和升迁）。然而，在许多学校，这些会议只会吸引少数参与者。我以前的院长曾经开玩笑说，在教师会议上唯一能保证的人数是"在场的大多数"。

如果没什么人参加教师大会，会让少数参加的人对同事的不负责任感到寒心。但有一个议题从来都会吸引一大群人，这就是全校范围的毕业要求。哪怕是有人建议所有获得文理学士学位（B. A.）\*的候选人都必须具备英语写作

---

\* 译者注：B.A. 是美国的本科学位 Bachelor of Arts 的缩写。国内一般叫作"文学学士"，但是这在中文语境中的含义有些狭窄，因为这里的"Arts"实际指"Liberal Arts"（博雅教育），包含中国意义上的文理科中的很多基础学科。美国有专门提供这种多学科本科教育的文理学院（Liberal Arts College），以教学为主，规模较小，侧重精英化的小班讨论。文中所说的全校范围的毕业要求，也主要是指在文理学院要授予 B.A. 学士时的要求。因为涉及很多不同的学科，所以统一的要求也会成为一个问题。

## 第三章 科研和服务

的能力,都可能会引发针锋相对的辩论。然而,文理学院(Liberal Arts College)要求学生掌握特定的知识或技能,又有什么错呢?

首先考虑一下一个常见的反对意见,这是我最近在关于国家教育报告的公开讨论中又再次听到的。其中一位发言人是一位大学的教务长,他批评该报告暗示了所有学生都将从人文学科的学习中受益。这位教务长指出,这样的观点是向强制要求又迈进了一步,他警告说,这"与我们为自由社会培养学生的目标不相符"。

然而,自由社会并不是要废除所有的强制要求。例如,每个州都有法律要求司机获得驾照,通过驾驶考试,并遵守交通规则。声称司机有权无视红灯和限速,不是支持民主,而是支持"无政府状态"。此外,自由社会对其公民提出了许多要求,其中最重要的就是要求每年4月向政府纳税。因此,为了成为有思想的公民,要求他们需要学习特定的科目,不应该是不一致或不合适的。如果对学位的学术标准提要求会产生问题,这也不是因为它与我们社会对人权法案的坚持相冲突。

一个对获得学位的刚性要求更严重的反对意见集中于"兴趣"的概念。是不是一个对所学内容感兴趣的学生更容易教，并可能是一个更好的学生？毕业的刚性要求让教室里坐满了没有兴趣的学生。这样来看，提出统一的要求在教育上是不是不明智的？

这种论证的优点在于它的前提是真实的，但问题是结论并不能从前提推出来。

虽然教有兴趣的学生更容易，但教育的目的并不是让教师的工作更轻松。尽管一般认为教有天赋的学生比教其他人更容易，但我们还是有义务教所有注册的学生。教育不仅仅是向皈依宗教的人传道或者对自己党派的选民做宣传。

学生刚进校园时有他们自己的兴趣和需求。然而，这些学生并不知道他们的兴趣和需求可能并不匹配。事实上，学生可能恰恰成为他们自己短视的"囚犯"，他们可能盲目追求狭隘、肤浅或者庸俗的事物，从而影响他们自己个人和心智的成长。

许多教师认为学生的兴趣是神圣不可侵犯的，但这些兴趣往往是偶然发展出来的，没有系统地探索其他可能的方向。学生在选课时发现的有趣课程可能是因为亲戚朋友的建议、媒体的影响，或者是受小学和中学时遇到的好（或坏）的教师的影响。虽然学生可能连心理学和哲学之间的区别都不知道，但也

## 第三章 科研和服务

许家里订阅的《今日心理学》引发了他们对心理学的兴趣。也许一个学生关于星星的知识不是来自天文学，而是来自一家超市收银台的小册子里说的占星术。举一个更鲜明的例子，一名医学的预科生可能只对自然科学课程感兴趣，并认为社会科学或人文学科的工作与医生的职责毫无关系。

我们可以举无数这样的例子。它们表明在一个完全自由的选修课程系统中，学生可能不会明智地选择他们的课程，而可能为自己构建一个非常狭窄的或者混乱的课程体系。大多数教师都知道这种情况会发生，但许多人并不关心，认为如果学生愚蠢地选择了课程，那么问题是他们自己的。毕竟，他们是需要承担自己选择后果的成年人。

这里我们来到了问题的症结所在。谁应该负责确保文理学院的毕业生能获得博雅教育（Liberal Arts）\*的基本要素？对那些试图说这是学生自己责任的人，让我们回想一下每年在全国各地的大学教师会议上发生的事情。一位行政领导（通常是院

---

\* 译者注：美国的博雅教育大致对应于涉及人文、科学、社会、艺术中的核心内容的多学科教育，继承了古希腊及至中世纪时期的"自由七艺"的想法。区别于专业教育，它是一种综合而广泛的本科教育，在表面上看有点类似于国内所说的通识教育，但是要深入的多，目标在于培养统一的人格和对世界基本规律系统的理解。

长)在教师会议上拿出教务员准备的学士学位候选人名单让教师们审核。审核会毫无意外地一致通过,名单上的学生都会被授予学位。这项议案总是得到赞成和一致通过。

作为结果,学生们在毕业典礼上会收到一份称为"文凭"(源于拉丁文的"护照")的官方文件。实际上,这确实就是学生到其他教育机构或各种就业场所的"护照"。该文凭表明,其持有人已圆满完成充分的学习,因此获得了学士学位。谁来宣布这些学生确实赢得了这个荣誉?他们自己么?他们会自己签署文凭吗?如果他们这样做,这些文件将是毫无价值的。文凭的颁发依赖于大学的授权,凭借该授权,文凭的价值在大学之外也得到承认。如果你签署了证明某项声明的文件,你就有责任确认其声称的内容准确无误。因此,教师有责任确保获得文理学士学位的学生实际上已经掌握了博雅教育的核心知识。不能提供这样的证明的大学不应该颁发文凭。

从另一个角度来看待这个问题,例如让一个医生签署一份证明你身体健康的文件,除非你通过了适当的健康检查,否则负责任的医生是不会签字的。假设你要求医生证明你身体健康,但是不要检查你的心脏。你对医生说:"不用管我的心脏。如果它有问题,也是我自己受罪。我是一个成年

## 第三章 科研和服务

人,可以承担我自己选择的后果。"任何负责任的医生都会回复,如果你不想检查你的心脏,那么你就别想在这里获得健康证明。如果坚持自己决定哪些检查是体检的一部分,你也许可以干脆自己签署你的健康证明。如果你希望获得医生的签名,就应该由医生来决定如何进行检查。没有进行适当检查而在健康证明上签字的医生是不负责任的。对于授予文理学士学位的大学也是如此,不关心学生是否获得了博雅教育的基本要求就签字同样也是不负责任的。

面对这种推理,一些不同意统一毕业条件的教师会提出建立一个导师顾问系统。他们的观点是,当大学统一的毕业审查被个性化指导所取代时,学生将从中受益。这种方法真的令人满意吗?

设想以下熟悉的情况。一个学生只想上人文和社会科学的课程,而导师会敦促学生在物理等科学领域也上些课,但学生就是不听。我们应该怎么办?不同的导师系统为这个共同的问题提供了不同的解决方案,但最终每一个可能的版本要么涉嫌不公平和不负责任,要么就会变相地重新引入刚性的统一要求。

假设学生可以忽略他们导师的建议。在这种情况下,教师给那些没有获得博雅教育基本知识的学生授予文理学士学位就是不负责任的。另外，假设学生被迫遵守所谓的导师制定的规则，学生会受到影响吗？如果要换一个导师，对他们还会有同样的要求么？如果不同的导师有权制定不同的规则，那么该系统就是不公平的，因为一个学生可能别无选择，只能研究实验科学以获得学位，而另一个学生可能被允许用科幻小说的课程替代别的课程。假设导师的规则是统一的，这样学生寻求新的导师来混文凭就是没有意义的。在这种情况下，我们实际上已经放弃了导师系统并用一系列统一的要求取而代之。

关于毕业要求的争论有一个特征，即使是选修课或导师咨询系统最坚定的倡导者，也认为在院系层面对各专业的毕业生提出统一的要求是适当的。我还没有听到有人认为数学系的专业可以不必修微积分，或者音乐系的专业不需要学习和弦。为什么这些要求不被认为是带有强迫性质的？

一个标准的答复是，没有学生被迫专攻任何领域，但一旦做出选择，专业领域的核心课就应该学好。可是类似的，没有学生被迫选择攻读文理学士学位，但一旦选了，就应该完成对博雅教育核心的学习。

这种教育应该为我们生活的世界提供基本的、系统的理

## 第三章 科研和服务

解,那它的核心要素是什么?我相信,如果我们要对文理学院的教师进行调查,大多数人会赞同悉尼·胡克的说法:

> "我们该教什么?"这个问题的答案是选自数学、自然科学、社会科学的内容,还要包括历史、语言和文学,哲学和逻辑以及艺术和音乐。所传授的知识应该通过加强阅读和写作、思考和解释、批评和评价的技巧来获得。[1]

当我们寻求以下两个问题的答案时常常会产生分歧。首先,应该为文理学士学位制定什么样的具体要求? 其次,鼓励大量学生继续接受博雅教育的理由是什么?

要回答第一个问题,对于每个文理学院来说,没有一套统一的要求是最理想的,不同的学校有不同的资源和不同的优先级。此外,任何关于教学计划的决定都需要根据变化的社会和知识状况进行重新审视。然而关键的一点是,大学应该致力于构建体现博雅教育本质的合理要求。如果没有这些,教师就无法合理地决定学生是否可以获得文理学士学

---

[1] Sidney Hook, *Education for Modern Man*, 155.

位，在这种情况下学校的文凭就是假的。

第二个问题很容易困扰任何提出学位要求问题的教师会议。这种会议上出现争论的模式都差不多。学校课程委员会负责人介绍了一项动议，要求所有学生必须学习一门实验室科学或者一门外语再或者是西方文明史。不管提案的具体内容如何，肯定有位"有话直说"的教师会跳出来发表意见，在一段不着边际的演讲之后抛出一个反问句："但是，谁又能在这里告诉我们为什么所有的学生都需要接受博雅教育？"随着原议案被埋没在雪崩般的各种修正案、替代方案和替代方案的修正案中，会议会变得混乱一团。几小时后，当大家都累坏了的时候，马拉松会议的一位幸存者开始建议搁置整个问题。大家如释重负，这个动议被搁置了（幸好这是没有什么可争论的）。会议休会了，教师们走出了大礼堂，在之后每个毕业典礼上，学生依然可以获得文理学士学位，而不必证明自己获得了任何有关实验室科学、外语还是西方文明史的知识。

让我们回到假想会议的那个关键时刻，那时教师被要求为博雅教育辩护，并试图说出一个简洁而有说服力的答复。

有人会认为，博雅教育是研究有本质价值的学科，而不

## 第三章 科研和服务

是工具性的学科,是为它们本身而学,并不是将其作为达成这些学科之外的某些目的的手段。这种观点的一个支持者认为博雅教育"超越实用价值"[1]。那些接受这种立场的人往往倾向于为中世纪的"自由七艺"说话,而不太提自然科学和社会科学的最新发展。在他们看来,课程是一个博物馆,过去的智慧在这里被展示,不受实验室的污染,也没有沾染市场的肮脏。用我刚才引用的圣约翰学院的教师伊娃·布兰恩(Eva Brann)的话来说:"现在不是一个能学到很多新鲜事物的时代。……学到新东西的可能性在三个世纪前就开始消失……我们已经做不了什么创新……除了修修补补。"[2] 即使那些不同意这种复古主义的人也可能会认为博雅教育的内容是自我辩护的。杜威(Dewey)很久以前就指出了这种方法的根本缺陷。他的杰作《民主与教育》中有这样一段相对不那么出名的话:

> 我们不能在不同的学科间建立价值层级。只要任

---

[1] Eva T. H. Brann, *Paradoxes of Education in a Republic* (Chicago: University of Chicago Press, 1979), 62.

[2] Brann, *Paradoxes of Education*, 3, 74.

何研究……有丰富我们生命的特质,其价值就是内在的……那些负责规划和教授课程的人应该有理由认为,我们的教育所包含的研究和主题,既可以直接丰富学生的生命,也可以提供给他们出于直接兴趣外其他的实用目的上的帮助。[1]

换句话说,认为博雅教育的内容具有内在价值因而可以自证其重要性,并不能反驳其他的替代培养计划也有内在的价值,所以也可以自证其价值。基于这样的理由,如果那些提出动议增加毕业要求的人只能用自证价值来辩护的话,也就不用奇怪为什么教师大会会变得混乱。虔诚的情绪无法替代对这一关键问题的直接回答:"与其他可能性相比,博雅教育究竟提供了什么?"

也有些人通过诉诸"自我完善""自我成就""自我教化""自我实现"等概念来辩护,说博雅教育为实现这些个人目标提供了最有效的手段。

---

[1] John Dewey, *Democracy and Education: The Middle Works of John Dewey, 1899-1924*, ed. Jo Ann Boydston (Carbondale: Southern Illinois University Press, 1980), 9:248, 250.

第三章 科研和服务

这种做法也面临着严重的困难。首先，这些概念本身就是很模糊的，很难说明其中的任何一个，或者说明它们之间有何不同。这些术语让人联想到博雅教育为了发展"完整的人"的古老说法，可这是一个空洞的口号，无法解释。例如，一个人如何既通过成为钢琴演奏家又通过成为空手道冠军来实现自我。其次，无论我们怎么理解"自我实现"这样的术语，加里·卡斯帕罗夫（Garry Kasparov）是通过下棋来实现这一目标，亚莎·海菲兹（Jascha Heifetz）通过拉小提琴来实现，戴安娜·陶乐西（Diana Taurasi）通过打篮球来实现。然而，这些活动都不是大家公认的博雅教育的核心。另外，大量完成博雅教育的人似乎并不能实现自我。相反，他们有时会不满，甚至迷失方向。

对博雅教育更有希望的辩护会强调我们对世界的基本理解的用处。毕竟，研究自然科学、社会科学和人文学科有助于我们理解人类的状况。

然而，这一论点的困难在于，它没有证明为什么对于那些可能不想花四年时间学习纯粹知识的人来说博雅教育也很重要。约翰·赫尔曼·兰德尔（John Herman Randall）在关于亚里士多德的经典著作中，将亚里士多德作为西方传统中很少的伟大"知者"之一。其他的"知者"还包括斯宾诺莎（Spinoza）、黑格尔，或许还有托马斯·阿奎那（Thomas Aquinas）。[1] 我们不能期望我们的学生最终会加入伟大的"知者"的万神殿。事实上，只有少数几个人可能对人类知识的总和做出一些重要的贡献。尽管如此，我们的社会仍花费了大量的时间和金钱来支持提供博雅教育的机构。整个的博雅教育理念能否被当成一种光荣的努力，以让很多人体验到纯粹的智慧。在这种情况下，如果谨慎思考，那么出于社会资源的有限性，我们应该只为潜在的知识分子提供博雅教育，同时为所有其他人提供有限的职业培训。即使有人会因为这与美国机会平等的承诺不一致而反对这一政策，最核心的问题仍然存在：为什么我们所有人在理想情况下都被希望接受博雅教育，参加兰德尔所谓的"对无情的真理的热情的追求"？[2] 更具体地说，为什么需要未来的律师去学习音乐，未来的音乐家学习化学，未来的化学家去研究人类学？

一些博雅教育的支持者可以基于如下的理由进行回应，

---

[1] John Herman Randall Jr., *Aristotle* (New York: Columbia University Press, 1960), 1-2.

[2] Randall, *Aristotle*, 1.

## 第三章 科研和服务

对于任何职业来说,最有用的准备并不是狭窄的职业培训。他们很有力地论证了职业教育的概念应该扩大到包括研究科学、历史、伦理问题,这些问题会有助于任何特定的职业路径。

这个答复看上去很有效,但并不能说明为什么一个人应该研究博雅教育的所有核心学科。相反,这种回答恰恰说明了为什么一个人应该学习博雅教育中那些对这个人所选职业有帮助的学科。让我们再次考虑一个未来的音乐家被要求学习化学的情况。当然,这样的人可能会被建议研究诸如艺术哲学、法语、德语或意大利语的科目,甚至是研究声学的物理学分支。但为什么要学化学?为什么学生物?为什么学除了声学外的物理学?确实,为什么要学任何与音乐没有太多关系的学科?一位音乐家可能会发现一些化学知识的用途,但仅仅这样的可能性无法证明未来的音乐家要学习化学。任何知识都可能在某些时候起到作用,但是这种考虑并不意味着需要无限长的必修课列表。简而言之,将其作为职业教育的一个组成部分来捍卫博雅教育,并不能证明为什么对于每个学生而言,博雅教育的所有核心内容都是有价值的,不管其未来职业如何。

上述为博雅教育辩护的四个理由都存在同样的缺陷：每一种方案都试图用统一的培养计划来适应因人而异的因素。我们每个人都会认为一些学科具有内在价值，我们每个人朝着"自我实现"的目标走上了不同的道路，我们每个人都试图获得不同类型的知识，我们每个人也都在追求不同的职业目标。这些差异如何为一个公共的培养计划提供基础？

我建议我们不要把注意力集中在不同点上，而应该把重点放在共同点上。特别是，我们应该认真对待自由社会中作为自由人的共同责任。我们每个人不仅是律师、音乐家或化学家，同时也是公民。而且，如前所述，民主社会的福祉在很大程度上依赖于其公民对其责任和义务的理解和践行能力。让尽可能多的人接受博雅教育的理由是，它提供了我们所需要的知识、技能和价值观，以使我们自我管理实验取得成功。

除了对民主制度本身有所了解之外，民主社会的每个成员都应该有效地阅读、写作和说话，以便能够充分参与对开放社会至关重要的自由交流。民主社会的每个成员都应该理解从贫困、人口过剩、气候变化和意识形态冲突，到核战争的危险以及太空研究可能带来的好处等一系列的公共问题。

## 第三章 科研和服务

那些不了解世界的物理结构、塑造社会的力量,或构成当前危机背景的理念和事件的人,就无法深刻地讨论这些主题。民主社会的每个成员都应该拥有关于自然科学、社会科学、世界历史和本国历史的丰富知识。

科学研究假定对数学基本概念和技术的熟悉,因为这些概念在自然科学中扮演着重要角色,在社会科学中也扮演着越来越重要的角色。此外,只知道科学和历史研究的结果是不够的,还需要了解产生这些结果的研究方法。除非人们拥有批判性思维的力量,否则多少知识都不会带来智力上的成熟。因此,民主社会的每一个成员都应该熟悉逻辑学和科学方法论。

民主社会的所有成员都应该拥有的另一个特点是对审美的敏感。对文学、艺术和音乐的欣赏丰富了想象力,细化了情感,并提高了对我们生活的世界的觉知。在一个缺乏审美的社会中,不仅艺术质量受损,生活质量也会受到影响。

关于文学研究,我们应该注意到,重要的价值来源于用原文阅读外国文学。不仅伟大的文学在翻译中失去了其丰富性,学习另一种语言还会增加语言的敏感性,使人们更加意识到任何一种语言的独特潜力和局限性。这种研究也是拓宽文化视野最有效的手段，因为理解另一种语言是理解另一种文化的关键。

民主社会的每个成员也应该获得智慧的视角，审查思想和行动的基本原则的能力，包括事实是什么和应该是什么。通向这种智慧的道路在于研究那些哲学上的精细分析和宏伟愿景。没有任何其他学科能够更好地防止教条主义的威胁，同时为智力运作提供一个框架。

因此，我们最终得到了一个强大而有说服力的答案，这个答案可以回答假想的教师会议上令人困惑疑问："为什我们所有的学生都需要博雅教育？"一些聪明、负责任且勇敢的人应该在这个时候站出来并做出回应：

> 让我告诉你为什么。博雅教育使每个个体能够作为民主社会的公民，以有知识和负责任的方式生活。鉴于这一目标的重要性，每个获得文理学士学位的学生都应该掌握自然科学、社会科学和人文学科中的基本内容。为了确保这一点，我支持今天制定全校范围的毕业要求的动议。

认真履行义务的教师大会将以鼓掌方式批准这一动议。

# 第四章 人事决策

## 教员聘用

按照许多高校的传统，在新学年的第一次教师大会上各院系的主任会介绍新加入的教员。大家会假设那些被介绍的新人都是按照适当的程序选拔的。究竟应该采取什么样的程序来保证教师聘用的合理性呢？

这个过程通常由院长通知系里有机会填补一个职位而开始。然后，该系的成员要确定候选人将从哪些特定的子领域中挑选。这个决定不能出于私心，而是出于对系里需求的公允评估。然而情况并非总是如此。太多的院系内部是不平衡的，可能会过分强调某些专业而忽视其他同等重要甚至更重要的专业。因此，教师可能会变得狭隘，而学生则被剥夺了学习重要领域课程的权利。当然，很少有院系可以覆盖所有专业，但是如果有机会出现新的位置，应该重视克服弱点，而不是简单地增强优势。

一旦对该职位的描述达成一致，就应该开始寻找合适的候选人。目标是找到最有可能作为院系的一员卓越地履行教师的各种责任的候选人。当然，我们应该尽一切努力确保在寻找的过程中不受种族、宗教或性别偏见的影响。[1] 还应该避免的是一种很少提到但同样不可接受的偏见形式：偏袒系里同事的朋友。

大家都容易倾向于高估自己专业上的伙伴，而且当同事不认同这种夸大的观点时就会很生气。为了避免这个问题，所有系里的教师都应该在招聘开始前达成共识，在任何情况下都不能有人偏袒任何人的朋友。所有对候选人的评估都不

---

[1] 我在这里省略了与平权行动（Affirmative Action）有关的道德和法律问题，因为它们超越了学术伦理本身。关于大学的正确政策的不同意见讨论，可参见 Steven M. Cahn, ed., *Affirmative Action and the University: A Philosophical Inquiry* (Philadelphia: Temple University Press, 1993)。对于争论核心的一个更加平衡的梳理请参见 Steven M. Cahn, ed., *The Affirmative Action Debate*, 2nd ed. (New York: Routledge, 2002)。附录 B 提供了我对教员聘用中有争议的平权行动的看法。

## 第四章 人事决策

应因个人关系而受到影响。

为了最大程度地提高招聘的成功率,应该在潜在候选人最可能看到的出版物中公布招聘信息。工作职位的公告应该准确、清楚,并且信息丰富,明确说明该系在招聘中会考虑的任何特殊标准。没有提前指定的特殊标准不应该被考虑。[1]

每份申请都应该仔细审阅,而不是只是很随意地浏览。当决定面试哪些候选人时,应该也通知那些没被选中的人。这将消除他们的不确定性,否则这种不确定性可能会持续数月。

面试过程的第一阶段通常发生在一个全国性的会议前后,系里的教师可能会见10—15个申请人,每个人谈半小时或更长时间。这种情况不仅对那些被面试的人有很高要求,也很考验面试官。被面试的申请者可能表现不佳,但面试官也可能做得很糟糕,比如骚扰申请人,不公平地对待他们,或者在他们中间做出不明智的选择。

如何避免这些错误?最有效的方法是要求所有申请人回

---

[1] 关于学术招聘启事里的"实话",请参见附录C。

答提前设定好的相同的基本问题,然后写下每个候选人答案的要点。跟进的问题在每次面试中都会有所不同,但通过结构化面试,并保留所记录的内容,我们可以保证面试不会随着时间流逝和注意力的分散而改变标准,或者混淆不同申请人的回答。几周后,在系里进人会议上对候选人进行评估或与系主任讨论时,书面的记录将被证明是非常宝贵的帮助。

问提前准备好的问题的另一个好处是,由于需要坚持使用"脚本",因此容易限制那些喜欢恶意刁难候选人的面试官。如果他们坚持不专业的行为,他们应该被同事或者系主任请走,并取消他们的面试官资格。面试室不应成为刑讯间来折磨应聘者。

至于要问的问题,最常见的错误是几乎完全集中在候选人博士论文的主题上,而忽略了候选人的兴趣范围和对不同子领域的细节把握,还有对教学问题的理解以及对高标准职业操守的坚持。提出以下的问题会有助于获得上面这些信息:

"跟我们说说在你论文主题以外感兴趣的领域。"

"在这些其他领域你研究了哪些具体问题?最近有哪些相关的文献你觉得最有争议?"

## 第四章 人事决策

"关于你准备教的每门课程,你会涵盖哪些主题?会让学生读哪些文献?"

"你怎么看待给学生评分的做法?你打算如何打分?"

我会给每个候选人增加一个特殊的问题,尽管很少有人问道:"请说说你在我们这个学科之外还有哪些涉猎?"毕竟,进人不仅要考虑一个院系,还要考虑到整个学校。因此,一个人可能会参加跨学科的教学项目,给出主题更宽泛的讲座,或认同影响整个培养计划的决策。因此,应该关注候选人的学术视野。

不可否认,更宽泛的话题可能会在面试中让一些申请人和他们在院系的支持者感到不安。后者中有一位曾经向我抱怨说,我们系对他的学生不公,因为没有问足够多的关于她博士论文的问题。

"你不是给我们写了一封关于她论文的推荐信吗?"我问他。"当然。"他说。

"你对他评价很高,"我补充道。"绝对的。"他回答道。

"所以,"我说,"我们相信你。"

在面试时,也应该问些困难的问题,并应期望能听到有说服力的回答。那些不能给出好答案的候选人应该被刷掉,这不是出于敌意，而是从坚持学术卓越的标准出发。通向平庸或更糟的道路上充斥着系里老师为他们喜欢但表现不佳的申请人找的各种借口。虽然面试就像音乐剧试镜，可能会被误导，但这两种情况的相同之处是"走音"往往会暗示着麻烦。紧张可能会导致候选人变得不善言辞，但更可能的解释是候选人自己在有效沟通方面的弱点。无论如何，我们又怎么能够假设这种紧张不会在课堂上重现呢？总之，面试官应该保持善良和公正，但不能轻信。

完成初步的面试后，院系应该决定请哪些候选人到校园来进行更深入的面试。这些全天的面试可以揭示很多事情，但其有用的程度取决于候选人所面临的具体情况。很多情况下，这轮面试只包括如下的内容：一个面向全系的学术报告（包括一系列技术性的问答），与系里所有感兴趣的老师共进午餐，以及与院系领导进行一次短暂的谈话，最后是告别。

然而，更理想的流程会很不一样。最重要的是，每位候选人不仅应该做一次关于研究的报告，而且还要准备一个面向刚入门学生的基础课的试讲。在这种教学技能测试中，应该通过教学的四个要素来评判候选人的表现：主题的引入、课堂组织、讲授的清晰性和概括总结的能力。我听过许多应聘者的试讲，这能很好地预测候选人是否能在课堂上获得成功。

即便如此，很少有院系要求应聘者展示教学能力。很多年前，一所大型州立大学的哲学系主任问我，是否在我的学校也像他的学校一样，选哲学课的学生越来越少。我告诉他，恰恰相反，选哲学课的学生一直在增长。他很惊讶，并想知道我是如何解释这种现象的。

"好的教学，"我说。"我们试图确保所有我们聘用的老师都有出色的学术能力和教学能力。你们聘人的时候看什么？"

"只是好的学者，"他回答。"我们不会聘用没有向全系介绍其科研代表作的人。"

"为什么不测测他们的教学呢？"我问。"从来没有想过。"他嘟囔道。

校园面试中还应该让应聘者与有相关兴趣但主攻其他领域的教师见面。这些教师可以让应聘者更全面地了解学校的学术资源，也可以帮助系里评估候选人是否可以为学校整体的学术气氛做贡献。

院系还应安排候选人尽可能多地与系里的教师见面，个别见面或以小组的方式都行。这种方法增加了应聘者熟悉院系的机会，也让院系的教师可以与他们就各种话题进行深入的讨论以便做出判断。评估应聘者所依据的教师意见的范围越窄，评估的可靠性就越低。

还要注意，在面试过程中的任何阶段，都不应该向候选人询问某些特定问题，特别是那些与作为教师的表现无关的问题，这样会让应聘者怀疑是否在评估里有不适当的标准。例如，不论性别如何，都不应该问候选人："你的配偶是否会和你一起生活？"虽然澄清期望候选人开始学术工作的时间是完全合适的，但如何处理私人事情以履行对学校的义务是每个候选人自己关注的问题，而不是系里应该操心的。同样，无论申请人是大于还是小于平均年龄，我们都不该问："你认为你的年龄适合这个位置吗？"能力是聘用教师的适当标准，而年龄不是。为了避免误解，就不应该提及它。

在完成所有面试之后，我们仍要做出最重要的决定：到底聘用谁。最简单的情况是当只有一名候选人被一致认为是出色的时候。然而通常情况下，可能一名候选人在某些标准上表现优异，而另一名候选人在其他标准上很出色，并且系里的教员对于不同标准的权重常有分歧。那么接下来该怎么做？

不幸的是，想要有一个简单的解决方案是不可能的，这种僵局可能会在曾经关系友好的同事之间制造根深蒂固的敌意。即便如此，一些指导方针可能会有帮助。首先，应评价所有候选人在教师、学者和学术共同体建设这三方面的贡献，在任何一个方面表现不佳通常都足以让候选人失去资格。

其次，只有当候选人的性格会影响其作为教师的表现时，性格特征才会和院系的聘用决定相关。因此，如果值得信赖的消息来源表明候选人是轻率的、不可靠的或令人讨厌的，那么对学术价值的关注就决定了这个候选人不应该被聘任。但如果对候选人的反对意见集中在个人的着装或不寻常的生活安排上，那么这些问题就应该被忽略，因为它们与履行教员的责任无关。

解决候选人意见分歧的第三个建议是，虽然教学或研究技能的相对重要性取决于该机构的使命，但对学术道德的坚守是绝对不能妥协的因素。不管他在其他方面做得多好，任何表现出不重视学术伦理的候选人都应该直接被淘汰。聘用一名不负责任的教师本身就是一种不负责任的行为。

如果这些考虑都不能打破僵局，那么在充分讨论每位候选人的利弊后，应该用投票决定此事。然而，为了宽容的原因，无论是持多数意见还是少数意见，他们都应该认识到他们对申请人的判断很可能在未来几年发生变化，特别是对那些最后拿到位置的人。我记得有一个极端的例子，一名教师在加入一个系的时候获得了除两人之外几乎所有人的支持。几年后，系里绝大多数的老师都投票决定不和他续签合同，反而只有那两名开始反对的教师支持他的续聘。

错误会偶尔出现，但人为错误并不能为不合适的程序或草率的决定提供借口，因为这几乎总是会导致严重的麻烦。

有一位不幸的系主任，他在几年的时间里进了6个人，他后来承认每次进人都是严重的错误。虽然他本人是一位受人尊敬的教师和学者，但他天真地认为精心设计的招聘流程是浪费时间，只是聘任碰巧引起他注意的人，也许因为他们是系里同事的熟人。最终，他为自己太过随意的做法付出了高昂的代价。那些他暗箱引进的人并不赞同他对续聘考核的科研要求，因此他们密谋反对他，在校园里诋毁他的名誉，最后将他赶下系主任的位置,并将这个系变成一个学术上的烂摊子。直到一个新的系主任和其他新同事来了之后,这种情况才有所改善,而他们都是在院长的监督下严格通过招聘流程引进的。这个教训应该足够清楚了。教师的聘用应该异常谨慎。否则,选他们的教师们就是严重失职,还将危及他们的学生和自己。

## 终身教职

即使那些对学术圈知之甚少的人也通常会知道很多教授是终身制的。每次提到这个特权总会让人产生疑问:为什么有人可以获得永久性的工作保障?终身教职难道不是纵容懒惰和保护无能么?

学术界的终身制其实并不像很多人想象的那么特别。在大多数大学中,无论是低级别的员工还是中层的管理人员,都很少被解雇。由于表现不佳,他们可能失去晋升的机会,或者转移岗位,或者偶尔降级,但几乎不会被解雇。就像工厂关闭或财政危机可能导致裁员,如果一个系被解散或者学校关门，终身教授也可能会失去工作。我们经常会在新闻里看到被迫离职的企业高管，同样的命运可能也会降临在大学管理人员身上。前者通常用那些被称为"金色降落伞"的物质补偿让他们"软着陆"，后者则经常能够在终身教授的避风港中找到安全感。

终身制的机制各有不同。例如大型的律师事务所经常招聘新的助理律师，他们将在几年后获得永久的合伙人位置或被要求离职。大学对刚进来的教师也会进行类似的安排。

尽管有这样的类比，但毫无疑问终身制为教授提供了不寻常的自由度和安全感。他们可以有幸以所希望的方式对任何感兴趣的领域进行探索。没有人可以指示他们某些课题是禁忌，某些研究方法是非法的，或者某些结论是不可接受的。因此，终身制保证了学术自由，没有保障的研究可能会被扼杀，研究的结果也将变得毫无生气。

这种自由能否以其他方式得到保障，例如通过某种形式的多年合同？困扰任何替代方案的问题在于它很容易被滥用，因为非主流的观点或不受欢迎的结论会使教授受到攻击。例如，上一节提到的那位做了一系列不幸任命的系主任，如果不受终身教职的保护的话，他的那些充满恶意的年

## 第四章 人事决策

轻同事肯定会把这位有名望的学者从校园中赶走。正如历史记录所表明的那样，这种不宽容的行为产生了一种怀疑和指责的氛围，与独立思考相对立。毫无疑问，终身教职存在风险，但没有一个替代方案能像它一样足够好。套用丘吉尔（Churchill）提出的关于民主的评论，终身教职可能是有史以来最糟糕的制度，除了所有其他制度外。

但是，在原则上捍卫终身教职并不是要赞扬它目前的实施方式。毫无疑问，大多数大学在给终身教职的时候都过于宽松：不是要求个人证明他们为什么应该获得终身职位，而是去看学校是否能证明他们不配得到它。在法庭上，一个人在被判有罪之前应该被推定为无罪，但在涉及特殊技能的事务中，除非确实证明有能力，否则不应假设如此。一所学校如果没有遵守这一指导方针，就会导致教员中充满了不作为的人，其实有不少院系都在受这种糟糕现象的困扰。要了解错误是多么容易产生，请考虑以下假想（但确实可能会发生）的情况。

亚当来到"东部学院"开始一个助理教授的职业生涯。之前他过于乐观地估计自己会在开始新工作前完成他的博士论文，但事实是他没有。在来的头两年里，他在挣扎着完成博士论文的同时积累了讲授一些标准课程的经验。在工作后的第三年和第四年，他致力于规划几门新课程并参与一个令人兴奋的跨学科的新项目。作为一名教师他算是成功的，同时又以博士论文的内容发表了两篇论文。在第五年和第六年，他继续与学生保持良好的关系，同时发表了几篇书评和另一篇文章，这篇文章是基于他读研时的一篇课程论文。他也开始着手写一本书，虽然还处于初期的阶段。

六年后，根据美国大学教授协会制定的原则，亚当拿到了他的终身教职。他很受学生喜欢，有几篇已发表的文章，而且在研究一个重要的学术课题。他是一位好说话的同事，而且积极参与院系间活动。不过，亚当应该获得长聘吗？

这样做会带来过高的风险，因为亚当最多产的时间可能已经过去了。他没有表现出持续的创造力，对他的发表进行仔细的检查会引起极大的怀疑：在博士论文之后他是否做出了重要的学术贡献？他与学生的良好关系可能更多地基于短暂的初学者的热情和某种"哥们儿情谊"，而不是来源于基本教学技能和能在日后保持他的教学水平的长久的思维品

## 第四章 人事决策

质。去听他的课就能感受到这方面的一些问题。当这些新鲜感减退之后,他对大学生活的贡献可能就会下降,同时随着时间的推移,他甚至可能不能跟踪本领域的前沿发展。如果他获得了终身教职,那么就会出现我们最担心的事,而受害最多的人将是那些被迫忍受他学术上早衰的一届届的学生。

当然,如果他留下来,从长期来看也有可能会证明他自己在大学里的价值。但是这个结果只是一种不能被排除的可能性,但不太可能真的发生。为了未来的学生和每个学科的利益,应尽一切努力来任命和留下那些与其他所有候选人相比最有可能实现卓越的人。坚持这样一个严格的标准,是避免因松懈带来的不可弥补的错误的最可靠方法。

然而,亚当的支持者可以争辩说,在评价他时我们过于强调发表的标准。他们可能会提醒我们,曾有一位伟大的教师什么都不写,他就是苏格拉底。那些对不续聘的决定提出不满的人往往忽略了一个事实:苏格拉底在公开辩论中度过了一生,说服了当时最聪明的人,迫使他们重新思考他们的基本原则。如果一个当代的教授也能做这样的事,那么没有人会怀疑其学术能力。但是,正如苏格拉底本人指出的那样，给学生和朋友留下好印象并不能证明一个人的聪明才智。

少数反对"不发表就走人"（publish or perish）原则的人也应该反对教师们"不思考就走人"的要求，因为发表就是为了让思考的最好成果都能被人看到。不这样做的教员必须寻找替代方法来明确地证明他们实质性的学术活力。如果无法承担举证责任，那么其他人就有理由怀疑他们的思考品质，也因此会怀疑他们的教学质量。

亚当的支持者会声称，尽管发表的文章很少，但他已经证明自己是一位好老师了。但是他到底有多好？他是否仅仅是合格的，还是他非常杰出，以至于我们有充分的理由认为用别人替代他将会明显地降低教学质量？除非属于后者这种情况，否则我们应该任命一位至少与他教学上相当但在科研上远远超过他的人。如果明明有其他更有能力的人可以随时取代他，为什么大学要授予这样一个人终身教职呢？

面对这一挑战，亚当的支持者倾向于退守更弱的立场，他们认为虽然他的情况确实在边界上，但我们应该姑且相信他，同时考虑到他在学生身上花费的额外时间、对同事们的帮助，以及最重要的——不给这个位置可能会导致他的挫

## 第四章 人事决策

败和痛苦。负责长聘考核的人不应该屈从于这种理由，他们有义务牢记悉尼·胡克的发现，即"大多数……专业上无能的终身教授……在考虑他们最初的任期状态时都是边界情况，而且当初的聘用决定都过多地考虑了其作为学者和教师之外的因素"[1]。经验告诉我们的原则应该是：当有疑问时，应该说"不"。这项政策当然不会受到亚当、他的家人或他的朋友的欢迎。但只有保持严格的长聘考核的标准，一个单位才能保证其学术质量。

并非所有困难的长聘决定都符合亚当的情况。例如，假想夏娃来到"西部大学"开始她的职业生涯。她的博士论文在她开始工作之前就完成了，并由一家著名的大学出版社出版。在接下来的五年中，她为著名的专业期刊贡献了一系列实质性的文章，在长聘评估之前的几个月，她的第二本书稿被一家著名的商业出版社所接受。不幸的是，她的教学记录就没有那么好了。学生们经常抱怨说她讲课枯燥乏味，而且很少在课堂以外进行答疑。选她课的人很少，尽管一些高年级学生反复地选。听过她的入门课程后，学生发现她说话单

---

[1] Sidney Hook, *Education and the Taming of Power* (La Salle, Ill.: Open Court, 1973), 213.

调,眼睛一直盯着天花板或者窗外。课堂表现虽然反映了她对最近重要文献的牢固掌握,但是她没有能激发学生的兴趣,而且讲得过于复杂。她很不情愿地同意在几个系内的委员会任职,但更多地出现在图书馆和办公室里。她应该获得终身教职吗?

答案取决于学校更看中什么。如果学校像"西部大学"一样以本科生的教学作为自己的使命,那么夏娃当然不应拿到长聘。但是,如果大学首先致力于推动知识的进步,而且有证据强烈地表明,如果取代她学校的研究实力将被削弱,那么她就应该拿到长聘。无论如何,她的教学显示了一个严重的问题。也许她只能教高年级的同学,而不是入门课程。如果她不能在所有的水平上进行有效的教学,那么授予她终身教职也是不负责任的,因为即使一个对研究最重视的大学,也有义务为学生提供合格的指导。

假设"西部大学"同等重视知识的进步和本科生的教学呢?这时学校需要考虑替换夏娃是否可以显著地加强其教学和科研实力。如果一个替代人选可以导致这种改善,则夏娃不应获得长聘。如果回答是不确定,那么也不应该通过长聘考核。很少有人是不可或缺的,错误地拒绝长聘对学校的福祉所造成的损害通常要远远低于错误地给予长聘。

请注意，如果亚当在教学方面的表现犹如夏娃在研究方面的表现那么出色，那么他们的案例应该沿着类似的思路进行分析。如果知识的进步是"东部大学"的主要任务，那么亚当不应该拿到长聘。但是，如果本科生的教学是学校的首要任务，那么他可能会拿到终身教职，尽管发表文章的记录仍然令人担忧。如果学院对科研和本科教学同等重视，那么关键问题是通过取代他是否可以提高科研教学的综合实力。如果是这样，亚当就不应该拿到长聘。[1]

但是，我们应该牢记，在决定长聘的时候，还有候选人作为教师和学者之外的其他因素需要被考虑。对院系学校的服务应该纳入考虑范围，特别是异常出色的情况。还有至关重要的是教师对适当的学术标准和伦理的坚守。学术伦理方面的轻微过失应计入负面的因素，而如果有重大的错误则绝对不应该考虑长聘。

简而言之，决定长聘与否是一个极其重要的决定，会造成很大影响。聪明的选择会带来好运，愚蠢的选择则会种下

---

[1] 管理人员经常声称他们非常关心教学质量，但他们的行为常常是另外一回事。关于这种情况，参见附录D。

祸根。太多不明智的决定可能会危害终身职位本身的声誉，从而威胁长聘系统旨在保护的学术自由。

## 投票程序

有关聘用、晋升或长聘的决定通常涉及院系内的投票。那么，谁是合格的投票人？他们的个人投票是否应该保密？这些程序性问题可能看起来不太重要，但它们却能引发关于合法性和公平性的重大问题。

举例来说，假想一个由九位成员组成的系：三位正教授，全部是终身教授；三位副教授，其中只有两位是终身教授；还有三位还没拿到长聘的助理教授，其中一位助理教授要做长聘评估了。谁应该来投票？

出于利益冲突应该排除所有没拿到长聘的人。如果那些还未长聘的人参加，他们会投给最终可能会帮他们自己的人。两位教授可能会为了共同利益而相互支持，也可能出于自私自利试图挤走对方。无论如何，基于个人利益的考量都太容易影响投票和整个过程的公平性。同样，如果要决定一

## 第四章 人事决策

位终身教职的副教授是否能晋升，唯一能投票的成员应该是终身正教授。

假设要决定其中一位助理教是否能晋升。未拿到长聘的副教授是否应参加投票？同样，由于利益冲突应该禁止他们参与，因为所有未过长聘评估的教员的位置都是不安全的，并且他们被评估时也可能会和他人做比较，这些很容易影响其真实意见的表达。

当然，没有任何决策过程可以确保投票者的诚实性。至少我们要避免决策人因其决定而失去或获得个人利益的明显问题。出于同样的原因，在考虑聘用新教员的决定时，投票应该排除未拿到长聘的教员。他们容易受到不适当的影响，无论是对新竞争对手的恐惧还是来自长聘同事的压力，都会损害我们所要求的独立性。

作为教授教学的接受者，学生是否有权就人事决定参与投票？在20世纪60年代后期，美国各地的高校都提出了这个问题，许多学校为了安抚暴乱的示威学生而做出了错误的尝试，牺牲了教授的自主权，这是大学的耻辱。学生们被给予教师委员会成员的资格，并被鼓励对培养计划的相关事项进行投票，还被邀请就聘用、晋升和长聘做出决定。今天，在许多机构中，这种特权还被当作是理所当然的。这样，学院为那些按定义就缺乏合法行使学术权威所必需的知识和经验的人（要不然叫学生干嘛）提供了特权。在院系会议上看到一位自信的大一新生用投票抵消了一位杰出教授的投票，就像看一出尤奈斯库（Eugène Lonesco）的荒诞戏剧。

如果学生不能投票，他们的需求是否会被忽视？这个经常被重复的问题预设了学生知道自己的需求。然而，正如苏格拉底强调的那样，好老师会引导学生意识到自己的无知。苏格拉底，而不是他的学生，最清楚他们需要什么。有时，不负责任的教师可能会忽视对学生的合理关注。就像不负责任的飞行员可能会危及乘客的生命。对这种失职行为的正确回应难道是要求乘客来挑选飞行员吗？类似地，避免教授不端行为的答案也不在于学生的投票权。这种对教授适当权威的侵犯加剧了只有通过教授本身的自律才能解决的问题。

就像学生拥有"消费者权利"的说法，其实从侧面佐证了对院系的一些投诉：忽视自己定下的规矩或者其教师不能很好地讲授基本课程。但消费者无权投票选举谁将成为一家公司的员工或者担任管理层的工作。如果客户对公司的服务不满意，他们可以去别的地方。同样，学生也可以选择其他

## 第四章　人事决策

教师或大学。

不过，拿学生类比消费者在根本上是有问题的，因为学位不是靠买的而是靠努力付出才能得到的。他们代表了教师对一个人学业成就的认证。如果所有支付学费的学生都自动获得学位，或者学位的授予由学生自己投票决定，那么文凭将毫无意义。颁发学位是教师的特权，聘用合格的同事与他们分担责任也是教师的特权。

让学生行使教师的权力会引发利益冲突。显然，学生可能因课程和毕业要求的变化而获得或失去个人的好处，他们评估过的教师可能会回过头来对他们进行评估。整个状况充满了被滥用的可能性。

院系的成员是否应该有自主决定人事聘任的权力？由于教授是大学全体教师中的一员，分享其特权并服从其规定，大学的全体教授应负责监督任命、晋升和长聘等事宜。由学校不同领域的代表组成并通过选举产生的教授委员会最能有效地履行这一责任。委员会的主要任务是审查院系根据其建议提交的支撑材料，以确保程序适当并且充分捍卫最终做出的决定。偶尔，这些建议会被小圈子、内斗，甚至赤裸裸的偏见所扭曲。委员会的职责是发现这些问题并及时纠正错误。然而，在推翻一个院系的判断时需要谨慎行事，因为一个学科中的同行最了解并且最熟悉被评估的个人的表现。教授委员会遵循橄榄球裁判看回放的做法：不太确定的就维持原判，但要纠正明显的错误。

在决定晋升或长聘时，委员会应该只公布审议结果，还是应该也提供决定的理由？同样重要的是，每个成员的投票是否应该被保密？这些问题同样适用于院系一级。

不同的考量会指向相反的方向。毕竟，我们需要来自院系同事和委员会成员的坦诚建议，为了保护他们免受威胁或报复，他们的个人投票和理由不应该被泄露。然而，同样重要地，大学的本质是其开放的自由探索的氛围，在这种氛围中，所有主张都应该被公开的理性准则所检验，所有的见解都应该基于合作的精神被分享。这么来看，不公开的评估、背后的指控和秘密的投票又是多么的不合适。闭门会议可能会鼓励坦诚，但也会保护狭隘、疏忽和纯粹的偏见。鉴于这些支持和反对保密的理由，我们究竟应该采用什么样的程序？

对于院系投票，只知道最后的结果是不够的。候选人有权对同事做出判断时的论证进行回应，全体教师的监督委员

## 第四章 人事决策

也会得到院系和候选人两方面的信息。因此，每次投票都应附有详细的评价报告。这一程序不仅符合大学对理性的承诺，而且还可以阻止不负责任的教师没有根据的草率投票。

几年前，我了解到一个院系不同意他们的一个教员通过长聘考核。这个判决受到了监督委员会的质疑。随即，该院系最杰出的教授宣布，鉴于委员会的怀疑，他阅读了候选人的工作并发现它没有什么重要贡献，就像他之前预设的那样。然而，这位教授在投票之前就应该读读这些著作。要求教员解释他们的选票会避免这种失职。这项规定还迫使这些在系里持有偏见的人试图去合理化他们的意见，这是一个可能会引起良心不安的事。

那么，院系的决定是否需要进行无记名投票？由于这些投票人与候选人共事多年，他们的判断很容易被预测，他们的匿名评价也很容易被识别。此外，一些投票人可能会成为候选人最亲密的朋友，并且会参加长聘教授的会议，在那里候选人的长处和短处会被公开讨论。鉴于这些情况，任何建立保密的企图几乎肯定会失败，而几乎一定会减损善意、公开讨论和合作的精神。

我熟悉的一个院系采用过更好的方法，那里的教师关系融洽，同时又能在彼此之间坚守学术的最高标准。当要做出人事决定时，投票人自行与候选人个别会面，并解释其判断的依据。有时候他们被迫要表达负面的看法，但他们愿意坦率直言而不是躲在背后，这大大加强了该系整体的凝聚力和追求卓越的共同目标。

即便这样的程序不可能在规模大的院系实现，开放的原则也同样适用。毕竟，院系的投票人都有终身教职的保护。寻求为他们提供额外的保密不仅不切实际，还会增加紧张局势，阻碍意见的自由交流。简而言之，一个院系的成员需要勇于说出自己的看法并承担责任。

最后，让我们考虑那些在监督委员会任职的人。他们是志愿者，如果他们的决定使自己遭受人身攻击，他们可以干脆不参与。不过，与院系级的投票人不同，委员会成员与候选人的联系有限，因此事先了解他们的个人判断变得更加困难，同时事后也更容易对他们的选择进行保密。总之，这里的整体情况有利于保密。

然而，该委员会有义务传达其决定的理由，从而表明其流程是遵守理性原则的，并且让候选人有机会在最终的行政决定之前做出回应。由于那些投票人对于候选人及其领域的了解少于院系，他们关心的通常是更一般的问题，可能最适当的不是通过个人陈述表达意见，而是以形成大多数意见的形式，如有必要还可提交少数派的报告。在准备这份材料的时候，委员会成员需要彼此坦诚，因为他们可以召开闭门会议，并假设所有人都承诺不透露任何内容。顺便说一句，如果委员会中有人恰好来自与候选人相同的院系，那么出于利益冲突的原因应该禁止该成员参与讨论。否则，他们将被迫决定是否维持或推翻他们自己院系的决定。

总之，尽管在特殊情况下可能需要修改这些操作准则中的任何一条，但在保密的问题上，我们需要在对教师的保护及其带来的风险之间始终保持适当的平衡。

## 教员解聘

几乎每所大学都有资深教员表现出能力上的缺失或不负责任。终身教职，如果正确理解的话，也不会为这些失职的人提供庇护。事实上，美国大学教授协会发布的《关于学术自由和长聘的原则的声明》设想了"因事而终止长聘"的可能性,并描述了一种"对能力不合格指控的听证会"的方法。[1]那么,为什么终身教授很少失去他们的工作呢?

可能是这样:教师们不喜欢给同事打上"无能"的标签,或者公开谴责他们,并且实际上迫使他们退出学术圈。此外,严格遵守恰当的程序会花费大量的时间,带来麻烦和产生费用,特别是考虑到肯定会带来没完没了的上诉的话。由于法官和陪审团都不是相关专业领域的专家,因此证明一个人不够格并非易事。

然而,这些考虑不应让教授免于解雇,要容忍严重的不端行为就是对道德的嘲弄。同时,学校必须保持"不寻常"的行为与"不可接受"的行为之间的重要区别。对能力的要求永远不应被解释为要老师们顺从。那么,应该在哪里画线?

对于经常无端旷课的教师应该毫不宽容。我听说有一位教授在八月决定他想接下来几个月待在欧洲。他没告诉他的同事这些计划,直接就去巴黎了,将难题甩给系里去找人替

---

[1] "Academic Freedom and Tenure: 1940 Statement on Principles and Interpretive Comments," in AAUP: *Policy Documents and Reports* (Washington, D.C.: American Association of University Professors, 1984), 4.

他上已经排好的课。他应该被解雇,但是他的学校为了避免麻烦,只是给了他无关痛痒的警告。

同样需要指责的是那些虽然按时上课但总是忽略其他教学责任的人:在约好的面谈时间不出现,不改论文,或者不提交成绩。仅仅用"有个性"不能辩护这种系统性的失职。

其他强有力的"解聘候选人"包括那些经常滥用上课时间的教授,他们经常不讲课程大纲里公布的内容,而是沉浸在自己的东拉西扯或者意识形态式的慷慨激昂当中。比如我认识的一位教授,他被指派讲授19世纪哲学,但他经常对他的学生大谈自己系的历史,谴责同事们所谓的"过去和现在的错误"。可悲的是,这种不当行为他已经持续了十多年,却没有受到大学的约束。

至于用学术上的好处交换性关系的卑劣做法,如果证据确凿就应该立刻让涉事教授卷铺盖走人。勒索不应该在大学校园里出现,欺诈也不行。当学者宣布实验结果时,数据应该是真实的。当教员引用主要参考文献时,引用应该是准确的。当教员提交简历时,上面的信息也应该是事实。如果任何教授故意违背此类信任,该个人将丧失获得学术职位的权利。学术上不诚实的人不应该被委以寻求真理的重任。

幸运的是，欺骗的事例很少见。然而，纯粹能力不足的情况并不少见。为什么一位获得终身教职的教授突然开始出现无能的迹象？原因各不相同：有些令人伤心，有些令人生气。一位教授可能长期酗酒，另一个可能被其放荡的生活榨干了。我认识的一个人继承了一大笔财富，并很快失去了对学术追求的兴趣。其他人可能成为他们自己懒惰的受害者，未能及时跟上他们学科的发展并最终在学术上被淘汰。

这种情况很少发生。然而，它们明确了学校的重要性，不仅要立即对任何被认为行为严重不端的教师提出指控，还要建立程序，定期审查所有终身教授的工作。缺乏这种保障措施并不是对学术自由的颂扬，而是在鼓励包庇学术失职。

实施一个有效识别表现不佳教员的系统不需要过于复杂。作为处理学术休假申请的一部分，大多数学校每七年评估一次终身教授的工作。院系会评估一个人的研究，判断其质量，并向教师监督委员会反应是否支持该人申请学术休假的院系意见。为什么不扩大这些定期审查从而包括所有长聘教授，不仅考虑他们对学术的贡献，还要考虑他们是否在进行有效的教学？

## 第四章　人事决策

合格标准的底线，如授予长聘时的标准，将根据机构的使命而变化。在评估一位研究生院的英语教授的能力时，应该与评估一位本科学院的分析性写作专家的能力有所不同。但是，在所有情况下，学校的侧重点和特定职位的责任将意味着什么样的表现是合格的。

在评估一个教员的研究是否合格时，最清晰的证明就是其学术出版。在没有公开发表的情况下，未发表的文章也可以由外部评审人员进行审查。如果没有任何可用的材料，那就应该要求被评估的个人提供有说服力的证据，证明他们还在适当的水平上进行研究。

为了确认教员的教学是否合格，最好是由同行听课。如果听课的同行有重要的疑问，或者未能解决可能已经通过正式或非正式方式向系里反映的严重的学生投诉，则应邀请外部评估人员来听课并提供判断。作为被邀请的评估者应该以同情的态度审视教师的学术观点，从而最大限度地避免将学术分歧与教学批评混为一谈。

当院系对教师是否合格做出了判断后，应将其意见转交给教师监督委员会，该委员会有权要求提供更多信息，包括进一步的外部评估。如果经过适当的审议，委员会选择对教师的能力进行指控，则应将此问题提交给一个选出来的听证委员会，他们的主要职责是对这些案件进行判断。应当进行诉讼程序，允许教师聘请律师以及邀请证人。最重要的是，建立充分的解雇理由的举证责任应该在大学而不是个人身上，并且只能通过明确而有说服力的证据来满足。

这些严格的程序应符合美国大学教授协会[1]批准的规定，同时保护终身教职的教授们不会因为不受欢迎的观点或古怪的习惯被而被解雇。这种对观点的不宽容与大学的理想是对立的，大学旨在理性的基础上容纳异见和不守成规的想法，甚至是最不受欢迎的看似离经叛道的观点。不应该接受的是不负责任的渎职。对渎职的默许时间越长，他们不作为的同事的耻辱就越大。

---

[1] "1982 Recommended Institutional Regulations on Academic Freedom and Tenure," in AAUP: *Policy Documents and Reports* (Washington, D.C.: American Association of University Professors, 1984), 26-27.

# 第五章　研究生教育

在培养未来高校教师的哪个阶段应该让他们了解教师的各种责任？当然是在读研究生的阶段。这些未来的教师在哪个阶段最容易受到导师的忽视或不端行为的影响？不幸的是，答案是一样的，也是研究生的阶段。研究生教育常常没有起到用来澄清和强调教师义务的作用，反而会导致这些职责被误解或贬低。如何纠正这种情况呢？

首先要注意到研究生的培养和大多数专业学习之间的关键区别。例如，进入法学院\*的学生需要参加一系列的讲座课

---

\*  译者注：在美国，法学院和商学院与研究生院的系统及学术训练不一样，更侧重职业能力的培养。相比于中国和欧洲各国的教育体系，美国的研究生院主要以培养博士生为目标，可以在本科毕业之后就申请读博士。

程，并且要求通过每门考试。第一年是最艰难的，第二年就容易多了。第三年几乎就不会有什么困难了。确实，那些在第一年后接受邀请编辑《法学评论》的学生通常会发现，在第二年和第三年，他们花费越来越多的时间从事编辑工作，而把越来越少的时间用在课程上。尽管如此，只要他们在课程中取得好成绩，就肯定能拿到学位。

研究生很少享有这种安全感，因为他们将面对一连串的任务，这些任务不会变得越来越简单，反而是越来越有挑战性。考虑一种常见的模式：在头一年或两年里，学生要参加各种讨论班，每个都要求撰写关于相应课题的学期论文。这时评分宽松，A 至少和 B 一样常见，而 C 很少见，无法按时完成论文的学生没有成绩。

在继续积累学分的同时，学生们意识到在他们面前的难关是综合考试（现在没有那么常见了）。它并非与特定的课程绑定，而是需要研究生对整个学科有一个牢固的把握。虽然教师可能会提供包含大量阅读材料的清单，但学生还是需要独立地为综合考试做准备。评分是严格的，两次尝试失败通常会导致退学。

即使能通过这些考试，最严格的要求还在后面——撰写

## 第五章 研究生教育

博士论文。无论学生以前的学习成绩如何出色，合理地规划时间、研究和撰写一本对特定领域提出新见解的专著长度的论文还是一个巨大的挑战，也可能被证明是无法逾越的。你可能会花费数月的时间也找不到一个合适的选题，这个选题既需要是原创的，又不能太古怪，有重要意义但又不是不可完成的。即使假设可以找到这样一个选题，研究也可能会是令人沮丧的。关键的文献可能无法获得，重要的假设可能会有问题，关键的实验可能得不到明确的结论。哪怕假设这一切都顺利，完成几百页甚至更长的手稿也可能导致崩溃的状态。在压力下将数千小时的工作得到的结果整理成一个前后一致的、有创新而且能够经受专家审查的手稿是很困难的，学生可能会发现他们的工作停滞不前。与此同时，随着时间流逝，研究会变得过时。最终，最好的意愿也无法挽回永久性的失败。

所有这些困难导致了一种叫作"ABD"的现象。这是一个讽刺性的缩写（all but dissertation），指的是已经完成博士学位的其他所有要求但是没搞定论文的人。这种不能让人满意的结果是研究生教育的一个独特特征。毕竟，法学院的学生不会在花费三年时间和数千美元的学费之后，才发现拿不到学位。然而，研究生就像马拉松选手一样，可能会眼睁睁地看着终点就在前方,可就是因为体力耗尽而无法到达。

研究生的导师们是否认识到了这些特殊问题并试图缓解?大家都希望如此。然而,教师本身往往也是问题的一部分。事实上,很多离校后的毕业生仍然对教师保持着深刻的敌意,因为他们可能不仅没有帮助学生,还给学生制造了更多的困难或者利用了他们的困境。这种现象不是偶然的,而是大多数研究生院所通用的教育政策的后果,这些政策让学生们因为教师的心血来潮而受害,同时允许甚至鼓励这样的反复无常。

让我们看看院系是如何决定开设什么课程的。程序往往只是邀请每个教授宣布他们选择的课程。把这些整合起来就成了课程表。这份课程列表可能对学生的学业发展来说是不平衡或者没有多大用处的,但这样的担忧往往被认为是无关紧要的,因为重点不在于满足学生的需求,而在于满足教师的意愿。

另外,教学的质量通常令人失望。教授经常认为,通过讲授高级课程,他们已经超越了遵守基本教育学规律的需要。因此,研究动机可能被认为是不必要的而被省略,把课程组织贬低为僵化的套路,清晰的解释被看成是简化而被摒弃,内容的概括也被视为不够学术。难怪研究生们发现他们

## 第五章　研究生教育

的许多课程非常沉闷、令人困惑和沮丧。

另一个问题是,教师们很想把任何研究生的课程,甚至是入门课都作为发展自己的研究和争取支持者的机会。这种方法可能为学生提供了最近学术发展的新见解,但未能提供他们最需要的东西——对学科基本方法和知识的透彻及全面的理解。常见的情况是,研究生离开学校时认为他们的教授的观点在这个领域占据主导地位,但只有后来才发现,与之竞争的观点至少具有同样的影响力。

这种以自我为中心的研究生教学风格存在缺陷,因为这将向学生暗示专业上的成功取决于是否认同他们老师的观点。教授不应该试图吸引虔诚的个人信徒,这个目标更适合于各种"大师"们。研究生的导师应该培养下一代知识渊博、思想独立的学者,教书的目的也是为了实现这一目标。

课程的另一个目的是提供一些初步的挑战,帮助学生判断他们拿到博士学位的机会。来自教师的评价应该有助于做出这样的决定。然而,教师经常会给出有水分的高分,因此导致学生高估自己的能力,并且投入大量的时间、精力和资源在导师可能认为毫无希望的课题上。

为什么教师会参与这种欺骗?像几乎所有人一样,他们更愿意给出好消息而不是坏消息。他们不愿意阻拦任何哪怕只有一点点成功机会的学生。最为重要的是大多数研究生院实际上把 C 等同于不及格，这是非常令人遗憾的。因此，教师被迫将 B 奖励给那些表现并不令人满意的学生，而对那些只是表现稍好的学生打出 A 的成绩。难怪有那么多学生自以为很出色，只有当他们没能通过后续的挑战时才会感到震惊。

在大学和多数专业学校中，C 表示学生的表现是令人满意的。如果研究生院坚持相同的评分政策，那么教员就可以使用一个方便的字母来指示合格但不太有希望的工作。学生可以因此获得未来困难的预警。当然，这种方法远比一位系主任所推荐的方法更可取，当他被要求解释为何他的系给出 A 的比例特别高的时候，他自信地回答道："这不是问题，当我们的学生做得不够好的时候，我们会给他们一个 A-，这样他们就会知道了。"也许他不是在糊弄自己，但他肯定是在糊弄他的学生。

评分程序和课程的开展显然不是研究生导师的唯一责任。监督综合考试\*是另外一个。

---

\* 译者注：在博士培养过程中，也叫作"资格考试"。通过资格考试可以成为博士候选人，开始博士论文的工作。

## 第五章 研究生教育

为综合考试做准备是一项艰巨的挑战,学生们会不定期地建议废除这个考试。教师们也可能会找机会避免设计这些考试和评分,而宁愿用研究论文取而代之。但是这样做的时候,教员并没有履行其义务以确保那些获得博士学位的人对他们的领域有很好的把握。综合考试是让学生展示对一门学科中所有主要领域牢固把握的一次机会,达到这样的要求为终身学习也提供了一个可靠的基础。

当然,博士论文的本质是专业化,但一个学者需要广阔的视野,而不是管中窥豹。就像历史学家雅罗斯拉夫·佩利坎(Jaroslav Pelikan)指出的,"不错的学术和伟大的学术之间的区别往往在于学者在其专业领域以外的储备"[1]。在不同领域的研究生课程的辅助下,良好的博雅教育将大大有助于在一门学科之外获得学术的广度,而在一门学科内部对知识的广度进行的最严格测试就是综合考试。出于这个原因,它们不应该被抛弃,特别是不要为了迎合学生的要求或减轻教师的责任。

---

[1] Jaroslav Pelikan, *Scholarship and Its Survival* (Princeton, N.J.: Carnegie Foundation for the Advancement of Teaching, 1983), 26.

很显然，应该仔细设计这些考试并严格评分。然而，限制考试范围的重要性可能被忽略。整个学科的范围非常广泛，甚至连最有学问的学者都无法知道所有的东西。假装研究生可以完成这个壮举不仅是无意义的，还可能是有害的。

综合考试的内容将聚焦于哪些书籍或问题？教师应该提供一个可能很长但不是无休止的列表，提供示例问题也会有帮助。这些材料的准备需要付出努力，但抱怨不得不花时间完成这项任务的教员在完成他们自己的工作时也会得到其他同事、研究助理和秘书的支持。只有懒惰或自私才能解释为何这些教师不愿意为学生提供他们应得的指导。

导师最重要的责任是指导研究生的博士论文。这里的"恐怖故事"很多。典型的案例包括，导师给学生一个如此困难以至于需要几十年才能完成的课题，或者导师拖了一年也没给学生关于其工作的反馈，还有的导师不说清楚具体的问题所在而坚持让学生无休止地修改论文。这种不端行为会让学生很容易充满挫折感、愤怒和怨恨，他们发现完成论文已经是不可能的了。

例如，设想以下的情况：你正在攻读英语文学的博士学

## 第五章 研究生教育

位,并已完成所有必需的课程,通过了综合考试。你想撰写一部分析剧作家哈罗德·品特(Harold Pinter)作品的博士论文,但该院系在20世纪英国文学中唯一的专家并不认为品特是一个值得做博士论文的重要人物。你为自己的观点辩护,引用一个又一个权威的观点支持你。但是经过几个月的争论后,教授仍然没有被说服,尽管他令人惊讶地承认从未读过品特的任何剧作。你联系了另一位教授,虽然他擅长的是美国文学,却愿意担任你的论文导师。你花了一年的时间撰写论文,但是第一位教授被任命为你的博士论文评审委员会的委员,他要求你扩展研究,要包括比较品特与契诃夫的章节。你没有其他选择,花了三个月才改好,但你的"克星"觉得你的新章节不能令人满意,除非你彻底改写并大大扩展对契诃夫的分析,否则不愿意通过你的论文。六个月后,在满足这个要求后,你的工作被认为是令人满意的,终于可以答辩了。但是在答辩的时候,两位教授关于你戏剧评论方法的价值展开了激烈的争论,而委员会的其他成员不想得罪任何一个人,既不通过也不否定你的论文,而是要求做重大修改,其中包括一个新的导言,一个修订后的结论和一个讨论可能影响品特的各种剧作家的作品的附加章节。委员会同意，只有在两位有争议的教授都认可新的材料后，论文才会通过。当得知此决定时，你最可能的反应将是纯粹的愤怒。第二天，在你冷静下来并有时间进行思考之后，一个理性的策略变得如此清晰：去申请法学院。

我希望这个故事是杜撰的，但它只是我熟悉的几个学生的遭遇的整合。在这种情况下，可以求助吗？

各院系都应该有一个进行听证的程序，让感到不满的学生有申诉的机会。决定应该由一个资深教授组成的委员会做出，他们根据之前的共识，有准备地对系里的任何同事进行裁决，不管其有多么杰出。

还应建立一个额外的保障措施：在全校范围内设立教师委员会，以处理对院系决定的上诉。有些人会以这样一个委员会要处理的事情太多为理由而拒绝这个想法，而我认为这恰恰是我们迫切需要这个委员会的最明显的证据。论文导师可以成就或毁掉学生的学术生涯。一个学生如果获得了导师关于选题的明智建议，随着写作计划的进行，进一步得到有建设性的批判性意见，同时受到有礼貌但坚持不懈的敦促和鼓励，就应该能够在不到两年的时间或者接近一年的时间内完成论文。如果遇到一个不称职或不负责的导师，一个学生

第五章　研究生教育

可能会变得像坦塔罗斯（Tantalus）*一样，眼睁睁地看着理想的目标在自己每次的尝试下越来越远。

到目前为止，我们已经讨论过了教师引导研究生达到他们的学术目标的方法。但是，这些学生中的许多人并不只想做研究人员，还想当老师。这是历史上研究生教育严重欠缺的地方。大多数未来的教授都没有严肃地学习过教学方法。他们被迫在工作中学习，并将他们的学生当作试验品。事实上，虽然申请教职的人通常会持有博士学位或同等学力作为学术能力的证明，但这些申请人往往不会提供任何有关教学能力的证明。对于有效的教学而言，彻底掌握要讲的主题是必需的，但博学并不能保证他们知道应该怎么教书。那么，应该在哪里获得基本的教学技能呢？

最实际的方法是由研究生院开设教学方法的课程，并将选修这样的课程作为申请教职获得推荐的前提条件。这些课程应该包括未来的教授在讨论和实践教学过程中的所有阶段，包括如何激励学生和选择教材，如何呈现教学内容及指导讨论，还有如何设计考试和修改论文等。重点应放在教师

---

\* 译者注：坦塔罗斯是希腊神话里的宙斯之子，因为骄傲自大、侮辱众神，被打入地狱，永远承受着就在眼前却无法得到的痛苦的折磨。

的伦理义务的重要性与其多面性上。那些被选择来教授这些课程的人应该本身就是认真而且经验丰富的教师，因为他们应该不仅能谈论卓越的教学方法，还能实践和展示它们。

没有任何课程可以让不合格的教师变得伟大。但是如果在最能吸取别人意见的研究生阶段就得到杰出教师的指导，那么就可以将不合格的教师变成合格的，让混乱的讨论班变得有序，让粗心的打分者变得更加谨慎。最重要的是，它可以将不负责的教师变成用心的教师，这是走向更有效和负责任教学的关键一步。[1]

除研究生院之外，没有任何教育环境会将模范和恶劣的教师行为都视为理所当然。为了说明这一点，请最后看两个例子，它们并不像人们想象得那样罕见。

第一个例子是由一位可靠的"证人"告诉我的，他或她当时在全国最好的一所研究生院上一位知名学者的课。这位教授最初为每周的讨论分发了一份指定的阅读材料，但是随着学期的进行，他的进度越来越落后于计划。在还剩三周的时候，他在课堂上提到了这个问题："我无法讲完我希望的

---

[1] 我教授这门课程的经历参见附录 E。

## 第五章 研究生教育

所有内容。"此时,学生希望他能缩短书单,但他想到了另一种解决方案。"为什么我们不干脆取消剩下的课呢?"之后他真的这么做了。具有讽刺意味的是,鉴于他糟糕的教学质量,没有人提出反对意见。

那些幸运地遇到好老师的学生的经历会非常不一样。他们开始研究生生涯的时候可能对自己和研究生的计划都不太有信心,但是由于哪怕是一位老师的努力,他们在毕业的时候不仅拿到了博士学位,还增加了自信心和一种学术上的使命感。我的许多同事在读博的时候都有类似故事,但我就以一个我知道的最详细的案例来结束本书——这是一个我自己的故事。

刚进入哥伦比亚大学哲学系读博的时候,我其实不是很确定这是不是一个明智的选择。事实上,我当时仍在犹豫是不是本该去读法学院,或者去读个美国历史的博士,抑或是去音乐学院学钢琴。

选课的时候,我看到了一门名为"哲学分析"(Philosophical Analysis)的课程。我不知道它会讲什么,也不熟悉它的教师。但是,本着碰碰运气的心态我选了这门课。

第二天下午,我走进了系里豪华的会议室,在一把舒适的椅子上坐了下来，与大约其他 30 个学生一起等待老师的出现。我们的教授来了之后告诉我们，这课会和我们上过的其他课很不一样。我们不会去研究历史上著名哲学家们的著作，也不用琢磨关于这些哲学家们汗牛充栋的评论。相反，我们会自己做哲学。我们的目的不是去读哲学家，而是要使自己成为哲学家。想到本科期间花了那么多时间挣扎于那些几世纪前写成的晦涩文字，他说的话让我很感兴趣，无论他到底想做什么。

他告诉我们，该课程的阅读材料只包括几篇文章，而我们将撰写三篇小论文，去尝试解决这些文章中讨论的问题。我发现这个提议令人难以置信。罗素（Russell）和杜威也许会解决一个哲学问题，但我自己怎么可能？毕竟我才开始上我的第一门研究生课程，也刚能把握少数几个经典的哲学著作。我怎么能解决一个哲学问题呢？另外，又有谁会有兴趣看我的观点呢？

教授告诉我们，要讨论的第一篇文章尚未正式发表。这个消息更加重了我的怀疑，因为我从来没有读过一篇还未发表的专业论文。接着，他给我们分发了这个论文手稿的油印版，而这个手稿来自于一个我从未听说过的作者。他说我们的任务就是要分析这篇文章，看看它最主要的论证是不是正确的。

## 第五章 研究生教育

紧接着，教授走到黑板前写下了几行话。他转过身问我们："黑板上最后一句话是否能从前面的几句推出来？"

一个学生举起了手，发表了一大段充满了各种专业术语、引用诸多中世纪思想家著作的讲话。教授专注地听着，但他脸上的希望逐渐变成了失望。"抱歉，我不明白你主要在说什么。"他说道，"我没有问任何关于中世纪哲学家的事情。我只是问最后一句是不是能从前面的几句推出来。你怎么看？"学生耸耸肩，看起来很沮丧。

另一位学生自信地举起了手，她问教授是否这个问题已经被几年前发表于一个顶级哲学期刊的某篇文章解决了。教授回答说："我还真不知道。我没有看过那篇文章。不过，或许你能告诉我们：我写在黑板上的最后一句话能从前面那些话里推出来吗？"学生回答说她不记得了。"但是，"教授继续说，"这里没有什么要记忆的，所有陈述都写在黑板上了。到底最后那句话能不能从其他的推出来？"她不作声了。

在我学习哲学的这些年里从来没有见过这样一种教法。我不熟悉第一个学生说的那些中世纪思想家，也不知道第二位学生所提到的论文。可是教授问题的答案并不在充满灰尘的故纸堆中或者在被翻得卷了角的期刊里。我们被要求去自己思考，去做哲学（philosophize）。

突然，我明白了教授说要我们自己去解决哲学问题的意思。在那个时刻，我感受到了一种非凡的心智上的解放。我举起了手，勇敢地说出了自己的想法，而这是我在很多其他哲学课上都不敢做的，因为我怕暴露我对哲学文献的无知。教授表示我的看法很有意思，但他接着问我应该怎么处理一个特定的反驳。我一时不知该如何回应，只能沉默地坐在那思考这个问题。当我终于有了一个主意的时候，下课了。

我立即决定去拜访这位教授并进一步阐述我的观点。其他教授们每周通常只留三到四个小时和学生见面。这位教授每周却拿出三到四个完整的下午见他的学生。我已经习惯于排队等待一个多小时去见一个受欢迎的老师。而这位教授则在他的办公室门上贴了一张纸，这样学生可以在上面提前预约十五或三十分钟的见面时间。

一天下午我鼓起勇气来找他并阐述自己的想法，但是他很快打断了我："写个论文再给我看。"我本来没打算写下我的观点，以为只要说说就行了。但他明确地跟我说，他认为把自己的想法写下来是精确思考必不可少的步骤。

我回到家，从来没有如此努力地工作过。一周后，我带

## 第五章 研究生教育

给他我写好的论文。他告诉我他会先读完再找我。几天后，因为急于想知道他的看法，我在通常的见面时间之前就来找他了，战战兢兢地问他是否看了我的文章。他回答说他正忙着写东西不能和我说话，但是可以把我的文章还给我。他把文章从半开的门里递出来，说稍后再见我。我看到第一页上写着他的评语：论文的内容在进一步发展后应该拿去发表，而且可以作为博士论文中的一节。

我惊呆了。在我研究生的第一个月竟然被告知我已经写了值得发表的东西，而且已经实质上完成了我博士论文的一部分！

在接下来的两年里，我全身心地投入，以证明教授对我的信任。我参加了他讲授的每一节课，一篇接一篇地写论文。我每周要跟他约几次，还常常在他办公室附近等着，以便利用别人偶然取消的见面时间。他从来不吝惜给我的时间，但同时继续督促我写出更多的东西来进一步讨论。我们在一起度过的时光成了我研究生生活的重心。

我不再怀疑自己的职业选择，而且通过他的耐心和努力，我真的成为一名哲学家。一不小心，他对我第一篇论文的评价成了被应验的预言：在写完它三年之后我拿到了我的博士学位,那最初的努力也转化为一篇正式发表的论文并包含在我的博士论文当中。[1]

总而言之,虽然某些研究生导师忽视、蹂躏甚至毁掉了他们应该指导的人,但也有老师在支持学生并帮助他们努力实现目标。因此,研究生教育既是学术界玩忽职守的缩影,也能找到最高道德理想的典范,君子与顽童并存。

---

[1] 这位教授是理查德·泰勒(Richard Taylor)。

# 附　录

## A. 寻找管理者：缺失的一步

　　每年都有许多高校招聘学术管理人员，包括各种院长、副校长和教务长等。招聘步骤非常相似：组建招聘委员会，发出广告，收到 100 份左右的申请，经过挑选缩小名单，拿到推荐信，再淘汰一些人，进行校园面试，提出聘用的建议，宣布最终的决定。

　　这个过程总是让人筋疲力尽，但结果往往令人失望。在面试中表现得自信和友好的候选人，可能会在办公室里变得拖沓、有意逃避工作或不负责任。那些由于生硬的态度或坦率的意见让一些委员会成员不悦而被拒绝的候选人，也可能会在其他地方获聘管理岗位，并因可靠、尽责还有敏锐性而受到广泛的赞誉。

当然，一些错误是不可避免的。但至少应根据已知的最佳证据做出判断。可是，目前的招聘委员会经常在"两眼一抹黑"中进行审议。他们的决策方式让人觉得最重要的信息可以通过简历、候选人支持者的推荐信以及在一系列简短会面中对候选人表现的观察中得到。

然而，对未来表现最可靠的预测来源于过去的表现。过去表现的质量不在简历里，也不在支持者的推荐信里，也不能从简短的问答环节中得到。简历只列出了过去的职位，而不是在每个职位上的表现。一次面试更多地展现了候选人表面上的个性和表达能力，而不是处理问题的灵活性或可靠性。至于推荐信，众所周知它们没什么帮助。即使斯大林也可以从他的三位同事那里获得充满华丽赞扬的推荐信，以佐证他的管理风格和"创造性"的领导力。

最好的证据不在候选人的朋友的话里，而是在候选人所在学校相关负责人的判断中。校务委员会的主席能告诉我们候选人是否坚定维护教师的适当权威。教学委员会的主席会告诉我们候选人对修改毕业审查要求的态度。聘任委员会主席能提供候选人看待聘用、晋升和长聘的标准。系主任能告诉我们候选人编制预算的方式。这些负责人是否认为候选人平易近人、足够灵活、有公心,并且致力于提高学术质量?其他的管理者或行政助理认为候选人是周到的还是冲动的,是耐心的还是易怒的,是容易合作的还是专横的,是宽容的还是记仇的?

在几个小时的面试中,候选人可能会对聘用委员会的成员隐藏他的真实面目。长期观察候选人品行的人,会看到候选人在特殊时刻的表现,包括那些私人冲突或院系危机的时刻,他们一般不会被蒙骗。因此,当确定入围名单时,每个人应该被告知有一名甚至多名招聘委员会的成员将与候选人学校的主要相关成员联系,甚至是面谈。候选人可能会要求不要联系特定的某个人——如果这个人被认为持有负面偏见的话,但是反对整个程序的候选人应该直接被淘汰。不管候选人有多希望其申请被保密,委员会做出可靠的决定才是更重要的目标。

如果由此获得的信息显示候选人作为管理者的表现不是一流的,委员会可以合理地假设这人在下一个职位上也不会做得更好。在一个校园里事无巨细的管理者在下一个位置上也会做同样的事。在一家机构浪费金钱的管理者也不太可能在另一家机构明智地花钱。面试时，候选人可能会给人一种欢迎建设性批评的印象，但如果与该人合作的众多同事的评价恰好相反，那他们的证词才应该被认为是决定性的。

事实上，与其依靠简历、推荐信和面试来选择一位管理者，我宁愿仅仅依靠此人以前众多同事的判断。然而，招聘委员会不会面对强制的二选一。他们可以继续考虑常用的信息，同时用最好的证据来补充它。这样的程序将使我们对于行政领导的表现有更高的满意度。最终，实现这一目标是衡量每个招聘委员会成功的标准。[1]

## B. 平权行动的两个概念

1961年3月，在上任不到两个月的时候，约翰·肯尼迪（John Kennedy）总统发布第10925号行政命令，成立了平等就业机会委员会。其任务是结束政府及其承包方在就业上

---

[1] 这篇文章最初出现在 AAHE Bulletin 50, no.2（1997），经美国高等教育与评估协会同意重印在这里。

的歧视。该命令要求每份联邦合同都包含以下的承诺:"承包方不会因种族、信仰、肤色或原籍而歧视任何雇员或申请人。承包方将采取积极的平权措施,以保障申请人受雇,并且保证雇员在就业期间得到公平的对待,而不考虑他们的种族、信仰、肤色或原籍。"

这里,在公民权的语境下,政府首次呼吁采取"平权行动"(affirmative action)。该术语意味着采取适当手段主动消除当时普遍存在的种族、宗教和民族的歧视行为。[1] 正如肯尼迪总统所说,目标是"就业机会均等"。换句话说,制定"程序性平权行动"(我这么叫它)是为了确保在不考虑其种族、宗教或国籍的情况下,判断申请人是否能拿到工作位置。这些因素被官方宣布为无关的,考虑它们是被禁止的。

1964年的民权法案重申并扩大了这一原则的适用范围。其中第六章宣布"在美国的任何人不得因为种族、肤色或国籍的理由,被歧视或被排除在任何联邦财政的援助计划或活动之外"。然而,还没到一年,林登·约翰逊(Lyndon

---

[1] 有关这样一个歧视案例的详细历史记录可参见 Dan A. Oren, *Joining the Club: A History of Jews and Yale* (New Haven, Conn.: Yale University Press, 1985)。在第二次世界大战结束之前,没有任何犹太人被任命为耶鲁大学的正教授。

Johnson)总统认为,公平性的要求只靠这种程序性的平权行动是不够的。他在霍华德大学 1965 的毕业典礼上说:"对一个被囚禁多年的人,在获得自由之后,仅仅把他带到比赛的起跑线前说:'你现在可以自由地与所有其他人竞争了',这样的做法不是完全公平的。"

几个月后,约翰逊总统发布了第 11246 号行政命令,要求"美国政府的政策要为所有合格的人员提供平等的联邦就业机会,禁止因种族、信仰、肤色和国籍的歧视,并要通过每个部门机构的主动而持续的计划来促进允分实现平等就业的机会"。两年后,政府进一步对该命令做了修订,禁止基于性别的歧视。

虽然与肯尼迪总统的命令类似,但约翰逊总统取消了平等就业机会委员会,将其职责移交给劳工部长,并授权劳工部长"采纳这些规则和条例并发布他认为必要和适当的命令来实现其目的"。

在这样的授权下,在理查德·尼克松(Richard Nixon)总统执政期间,劳工部于 1971 年 12 月发布了修订后的第 4 号命令,要求所有联邦承包商制定"可接受的平权行动计划",包括"分析特定地区的承包商在雇佣少数族裔群体和妇女方面的欠缺。此外，承包商还需要制定有针对性的目标和时间表来展现诚意的努力，从而纠正这些不足"。承包商被告知将"少数族裔"理解为"黑人、美洲印第安人、东方人和拉丁裔美国人"（但没有提供关于是否有父母一方、祖父母一方或曾祖父母一方，是少数族裔就足以将某人归类于少数族裔的指导）。根据修订令，"未充分利用"的概念意味着"特定工作中的少数族裔或女性的比例比根据工作要求预期的合理比例要少"。"目标"不是"僵化和不灵活的配额"，而是"朝着可以实现的目标，通过使用所有诚意的努力使平权行动计划能够整体有效"[1]。

我把这类平权行动叫作"优待平权行动"，它要求关注程序性平权行动认为不相关的民族、性别和种族的标准。在

---

[1] 41 C.F.R. 602.12. 该法案并没有说明"有诚意的努力"在什么样的情况下体现偏好，是在同样好的候选人中体现（"打破平局"模式），还是在足够好的候选人和更强的候选人选前者（"加分"模式），抑或是倾向于一个合格的候选人而不是选一个很强的人选（"保送"模式），或者干脆取消招聘搜索，除非出现一个属于受偏好的合格候选人（"配额"模式）。平权行动产生误解的重要原因是政府未能澄清"善意努力"所要求的偏好类型，同时招聘时未能通知申请人招聘过程采用的是哪种偏好模式。关于后一个问题，请参见我的"Colleges Should Be Explicit About Who Will Be Considered for Jobs," *The Chronicle of Higher Education* 35, no. 30 (1989): B3, 重印于附录 C。

雇佣决策中这些标准是否适用？[1]

回到约翰逊总统的主张，即一个因歧视而受到束缚的人不可能被公平地期望具有竞争力。我们如何确定哪些特定个体有权获得补偿性的优势呢？具体分析是可行的，但是这样做会破坏在群体的基础上采取优待平权行动的出发点。因为如果一个团体的某些成员能够有竞争力，为什么其他人不行？因此，优待平权行动的支持者认为，要对该群体的整体而非个人进行判断。如果该群体遭受了歧视，则其所有成员都应被视为"跛脚的赛跑者"。

但请注意，虽然在比赛中具有起跑优势的跛脚跑者可能首先冲过终点线，但也会让别人怀疑其是否真有能力。同样快的选手不需要这样的照顾来获得竞争力。整个赛跑的比喻因此会鼓励成见。例如，回想那些在棒球黑人联盟里打球的人。禁止这些运动员参加大联盟是这项运动历史上最大的污点。虽然他们遭受了歧视，但这些球员和那些在大联盟里的球员表现得一样好。他们只需要别人按照与其他所有人相同的标准来评判他们，确保这种考虑的平等是程序平权行动的

---

[1] 在学校的录取和奖学金的评定中，它们的使用是否合适是一个涉及其他考量的不同问题，我不会在这篇文章中探讨这个问题。

实质。

当然，如果个人没有准备好或者没有装备参加比赛，那么他们应该得到帮助以试图实现他们的目标。但是，这种援助适合所有需要帮助的人，而不仅仅针对特定种族、性别或族裔群体的成员。

受到歧视的受害者应得到补偿。前黑人联盟的球员应该得到特别的关注，如退休金计划以及原先由于不公平待遇而被拒绝的任何其他福利。然而，这种补偿并不意味着应该用球场表现以外的任何其他方式，对大联盟里找工作的黑人球员进行评估。预设他们没有竞争力是不尊重和错误的。

这些考虑使得最近的优待平权行动的支持者，更少依赖任何蕴涵整个族群缺乏竞争力的论点。[1] 相反，辩护优待平权行动的重点放在鼓励不同族群成员表达不同经历、观点和价值观而带来的社会福利上。

---

[1] 例如 Leslie Pickering Francis, "In Defense of Affirmative Action," in *Affirmative Action and the University: A Philosophical Inquiry*, ed. Steven M. Cahn, 24-26 (Philadelphia: Temple University Press, 1993)。她对一些不公正提出担忧，比如，那些因环境而非自身原因而被迫付出代价的人，以及那些同样受害，但不是特定（受保护）群体的成员。

这种方法强调所谓的"多样性"的优点。[1]作为对优待平权行动的辩护，多样性至少有两个好处。首先，让那些以前被排除的人现在也参加工作岗位的竞争，其原因并不是给这些人一个好处，而是为了丰富所有人。其次，没有人被视为"跛脚的"，虽然力量各不相同，但每个参赛者都在一起比赛。

请注意，多样性需要优先聘用。那些增强多样性的人应该比那些没有增强多样性的人更受青睐。那些被选中的，不是因为他们自己的不足被优待，而是因为更大的群体是有缺陷的——缺乏多样性。

可是，说一个群体缺乏多样性意味着什么？或者换句话说，比如，我们能不能判定淘汰一个十人组里的哪个能最大程度地降低其多样性？

这么说，难免会让人想起1962年科学家班诺什·霍夫曼（Banesh Hoffman）出版的《测试的暴政》（*The Tyranny of*

---

[1] 当刘易斯·鲍威尔（Lewis Powell）法官在最高法院1979年的Bakke案裁决中发表关键性意见之后，这些术语流行了起来，他认为"实现多元化的学生群体"是一个可以辩护在学生入学中考虑种族的目标。一个对该裁决的精辟分析可参见Carl Cohen, *Naked Racial Preference* (Lanham, Md.: Madison Books, 1995), 55-80。

*Testing*）中的一个具有启发性的难题。在针对多项选择题重要性的质疑中，他引用了下面这封给《泰晤士报》编辑的信：

> 先生，我儿子在入学考试中必须回答的"挑出最特别的"的问题中有一个是："板球、足球、台球和曲棍球中，哪个是特别的？"（在英国，"football"是指美国人称之为"足球"的游戏，"hockey"是指"曲棍球"。）这封信继续说道：我说台球，因为它是唯一一个在室内进行的运动。一位同事说足球，因为它是唯一一个不用工具打击球的运动。邻居说板球，因为在所有其他运动中，目标都是将球放入网中……您的读者能提供一个正确答案让我摆脱迷惑么？

一天之后，《泰晤士报》登出了以下两封回信：

> 先生，"台球"是显而易见的答案……因为它是所列运动中唯一一个不是团队运动的。
>
> 先生，……足球是特别的，因为……与其他三个球

中使用的实心球相比,它使用空心的球。

然后霍夫曼继续他自己的讨论:

当我读完这三封信时,在我看来,选足球和台球的解释都很好,而选板球的解释则特别聪明……起初我认为这使得曲棍球很容易成为四项选择中最糟糕的一项,实际上可以被排除了。但我紧接着意识到,正因为曲棍球是唯一看上去可以排除的选项,才使得它是如此惊人得不同于其他三个,也就是说它也是一个很好的答案——也许是最好的。幸运的是,我很快找到了内心的平静:我发现曲棍球是四个球类中唯一一个使用弯的东西打球的运动。

第二天,《泰晤士报》又发表了另一封信,这次来自一位有哲学思辨能力的读者。

先生,(原信的作者)已经谈到了一个一直以来很让我感兴趣的问题。板球、足球、台球、曲棍球,它们每一个都在众多方面独一无二。例如，台球是唯一一个同时使用多个球的，也是唯一一个在绿布上玩，而不是在一个球场上玩的……在我看来，那些负责发明这种"脑筋急转弯"的人，并不知道每一件事物都既是独一无二的，也是更一般的类型中的一员这样基本的哲学事实。

记住这条可靠的原则，回到决定要淘汰十人组中的哪一个成员会最显著地减少多样性的问题。

除非指定了多样性的具体类别，否则这个问题没有合理的答案。

在聘用高校教师时，我们经常关注的多样性包括民族、性别和特定族裔。可是，为什么要特别注意这些特征而不是其他的呢？

例如，未来的教师可能会在其他非学术的方面有所不同：年龄、宗教、国籍、地区背景、经济阶层、社会阶层、军事训练经验、外貌、身体健康、性取向、婚姻状况、道德标准、政治立场和文化价值。为什么我们不应该寻求这些方面的多样性？

在某种程度上学校确实是在意的。在招聘启事中许多高校表示要招聘退伍军人或残疾人。纽约城市大学要求所有的招聘优先考虑意大利裔的美国人。关键的一点是，对多样化的追求从来不应偏向任何特定的候选人。每一个人都增加了某种多样性，但同时没有增加其他多样性。在十个人的院系中，一个可能是唯一的黑人，一个是唯一的女人，一个是唯一的单身汉，一个是唯一的退伍军人，一个是唯一的五十多岁人，一个是唯一的天主教徒，一个是唯一的共和党人，一个是唯一的斯堪的纳维亚人，一个是唯一的社会主义者，最后一个是唯一的南方人。

假设有人建议，我们要追求的多样性是针对那些遭受歧视的群体。这种方法导致出现另一个问题，就像约翰·凯克斯（John Kekes）明确指出的那样：

> 诚然，美国黑人、印第安人、西班牙裔美国人和女性作为群体都遭受了不公正的待遇。但同性恋者、癫痫病患者、城市和农村的穷人、长得丑的人、因麦卡锡主义受害的人、妓女、肥胖的人又何尝不是如此呢？有人企图否认这两类受害者之间的相似关系。有人说，第一个因种族或性别偏见而受到不公正的歧视，第二个则

不是这样。确实如此。但为什么我们应该接受这个建议……唯一需要优待的不公正是由于种族或性别偏见导致的?

不公正现象以多种形式出现,而那些重视正义的人肯定会反对所有这些不公正。[1]

凯克斯的推理非常有说服力。此外,还有一个困难来自对多样性的关注只集中在已经受到歧视的群体上。而多样性被认为不是针对弱势群体的补偿,而是作为丰富所有人的手段。

例如,设想一个院系大部分教师都是女性。在护理和基础教育等特定领域,这很常见。如果性别多样性是有价值的,那么在这样一个院系下次招聘时就应该更倾向于招聘一个男性教师。然而,男性作为一个群体并不是歧视的受害者。为了实现有价值的多样性,问题不在于哪些群体受到歧视,而是哪些有价值的群体没有代表。可是,问题又来

---

[1] John Kekes, "The Injustice of Strong Affirmative Action," in *Affirmative Action and the University: A Philosophical Inquiry*, ed. Steven M. Cahn, 144-156 (Philadelphia: Temple University Press, 1993), 151.

了，哪种多样性应该最受重视呢？我知道没有令人信服的答案。寻求通过多样性的贡献为优待平权行动辩护，还有另一个困难。[1] 优待平权行动通常被认为是一种临时的而非永久性的措施。但是，实现多样性的优待平权行动并非是暂时性的。

假设它是。那么一旦一个机构聘用了相当数量的特定群体的成员，那么优待平权行动将不再有效。然而，因为人员变动，该机构后来可能会发现特定族群的成员又太少了。既然上一次因为多样性的缺失采用了平权行动，这次也应该重新采取，因为不管是哪次，有价值的多样性的缺失是同样不可接受的。因此，它实际上将成为一项永久性政策。

为什么这么多优待平权行动的辩护者希望它只是过渡性的？因为他们认为平权行动针对的是之前在聘用中错误地考虑不相关的标准而造成的问题。持续地考虑任何与工作岗位本身不相关的标准，其实与之前的歧视性行为是类似的。不相关的标准应该被识别出来并且尽早排除。然而，有些支持

---

[1] 参见 Michael Rosenfeld, *Affirmative Action and Justice: A Philosophical and Constitutional Inquiry* (New Haven, Conn.: Yale University Press, 1991), 336: "具有讽刺意味的是，平权行动越早被结束，对它的需求就会越早消失。"

者认为，个人的种族、性别或民族与履行教师职责的责任密切相关。优待平权行动应该成为招聘过程的一个永久特征，因为它考虑到了每次聘用应该考虑的标准。

为了证明某种特定种族、性别或民族的人特别适合作为高校教师，曾经有三个理由被提出来。第一，对那些和他们同民族、性别、种族的学生，他们的教学会特别有效。[1]第二，他们将是特别有见识的研究人员，因为他们可以以独特的立场体验世界。[2]第三，他们将成为榜样，表明特定种族、性别或民族的人可以成为优秀的教师。[3]

让我们逐一分析这些理由。关于针对个人的教学效果，其实没有实证研究支持这一说法。[4]退一步说，即使有令人

---

[1] 例如 Francis, "In Defense of Affirmative Action," 31。

[2] 例如 Richard Wasserstrom, "The University and the Case for Preferential Treatment," *American Philosophical Quarterly* 13, no. 4 (1976): 165-170。

[3] 例如 Joel J. Kupperman, "Affirmative Action: Relevant Knowledge and Relevant Ignorance," in *Affirmative Action and the University: A Philosophical Inquiry*, ed. Steven M. Cahn, 181-188 (Philadelphia: Temple University Press, 1993)。

[4] 参见 Judith Jarvis Thomson, "Preferential Hiring," *Philosophy and Public Affairs* 2, no. 4（1973）：368："我不认为作为一名学生，我从女性老师那里会比男性学得更好或者学到更多，并且我也认为我自己的女学生从我这里学到的也不会比她从我的男同事们那里学到的更多或者更好。"

信服的证据，它也不会对每个个案都产生影响。一个与学生不同民族、性别或种族的教师可能也会很出色地给这些学生上课。一个和学生同民族、性别或种族的教师也可能教得很差。无论统计上的相关性如何，最重要的是一个人能够有效地教授各种类型的学生，在招聘中寻找满足标准的候选人与程序性平权行动完全一致。了解个人的民族、性别或种族并不能揭示该人是否会是好的老师。

关于第二点，特定民族、性别或种族的成员是否就有能提升他们学术水平的共通的独特视角？西莉亚·沃尔夫·迪瓦恩（Celia Wolf Devine）恰当地将这种主张描述为一种"贬低性"的"成见"。正如她所说的那样："加入共和党的一个拉丁裔不会比其他拉丁裔更不'拉丁'，而不是女权主义者的女人同样不会比其他人更不'女人'。"[1] 此外，西班牙裔的男性和女性是否应该因其共同的种族而拥有相同的观点，或者他们因性别不同就应该有不同的观点？

如果我们的观点被认为是由我们的民族、性别和种族决

---

[1] Celia Wolf Devine, "Proportional Representation of Women and Minorities," in *Affirmative Action and the University: A Philosophical Inquiry*, ed. Steven M. Cahn, 223-232 (Philadelphia: Temple University Press, 1993), 230.

定的，为什么这些决定因素没有包括人们各不相同的许多其他重要方面，如年龄、宗教信仰、性取向等？我们每个人都是独一无二的，那其他人何以分享我的观点？说我自己的经验是我自己的是一种同义反复，这也并不意味着我对自己的经验就有敏锐的洞察力。比如一次暴力犯罪的受害者可能会因此轻信一种极端的种族主义理论。但是，不论你是谁，也不管你的经历如何，都保证不了你理论的真实性。

要成为一名好的研究者需要洞察力、想象力和毅力。这些属性与个人的种族、性别、民族、年龄或宗教无关。黑人学者可能更倾向于研究黑人文学。但是一些非黑人的文学评论家比黑人文学评论家对黑人文学更感兴趣并且对其更有见识。在做决策的时候，为什么在明明可以依靠更可靠的对个人能力的判断的时候，偏要依赖对于种族整体的很成问题的概括呢？

让我们考虑最后一种理由，也许只有那些具有特定民族、性别或种族的人才可以作为榜样，向特定群体的成员证明他们也可以获得成功。同样，没有实证研究支持这一说法，但它经常被作为自明的理由。例如，只有女人可以成为女人的榜样，只有黑人成为黑人的榜样，只有天主教徒才能成为天主教徒的榜样。换句话说，一个人的关键特征不是这个人做了什么，而是这人是谁。

然而，这里的逻辑并不那么清楚。例如，考虑一个信天主教的黑人男性，这样他应该同时是黑人、男人和天主教徒的榜样。他是否能成为黑人女性的榜样呢？难道只有黑人女性才可以？他可以作为所有天主教徒的榜样还是只能是那些黑人信徒的榜样？进一步来说，因为没有人能完全分享我的所有特征，那么我能否成为任何人的榜样呢？也许我可以作为其他所有人的榜样，因为每个人似乎都至少和我共同属于某个群体。

抛开这些难题，关键点应该是在歧视盛行的领域，属于受歧视群体的成功个体表明该群体成员可以在该领域取得成功。显然，即使没有榜样，成功也是可能的，因为第一个成功的人就没有榜样。假设存在有说服力的证据表明榜样尽管不是必需的，但确实有时有助于该群体的成员，而且也有助于那些倾向于认为该群体的人都不能在该领域成功的人纠正其偏见。这样，榜样将鼓励遭受歧视的群体成员，并阻止对该群体的进一步歧视。

然而，为了达到这些目的，所选择的人需要与其他人在被评价时一视同仁。如果不是这样，那些遭受歧视的群体成员以及易歧视该群体的人的刻板印象将被进一步地强化，即除非考虑到该群体成员的特殊性，否则该群体的成员将永远不会被选中。那些遭受歧视的人会得出结论，认为歧视仍然存在，而那些倾向于歧视的人会得出结论：该组成员缺乏平等竞争的必要能力。

我们如何确保被选中的人也满足与其他人相同的选拔标准呢？优待平权行动并不能达到这个目的，因为从定义上讲，它会根据实际表现以外的标准区分人。确保择优选择的方法就是程序性平权行动。它通过对各种形式的歧视提出警告来最大程度地保证平等的机会。

聘用最佳人选外的候选人的政策并不能建立一个和谐社会，让我们超越偏见，让所有人都享有自尊。相反，这种做法导致了对那些被优待选择的人的能力的怀疑，同时引起了那些被淘汰的人的不满。

程序性平权行动几乎还没启动就被优待平权行动取代，后者的问题现在已经很明显了。在认定优待平权是克服偏见的不可避免的一步之前，为何不先尝试严格执行程序性平权行动呢？这样，我们可能最直接地去实现每个善意的人都如此渴望的公平社会。[1]

## C. 为什么不说实话？

学术伦理的一个基本原则是在教师或管理职位的招聘启事里，明确本机构在遴选申请人时的任何特殊标准，同时不应使用未明确说明的标准。

今天，几乎每所大学在《高等教育纪事报》上宣传自己的职位的时候都声称自己是"平等机会／平权行动雇主"，有时还补充说它"欢迎和鼓励女性和少数族裔候选人的申请"（有时甚至是"退伍军人"或"残疾人"）。尽管这些说法是用来表示大学没有参与歧视，但有时相同的句子也意在表达机构的强烈偏好，或者只会对来自特定群体的申请给予认真考虑。

为了公平地对待所有申请者，院系和学校应该尽量明确这些事情。如果内部的招聘程序中会特别倾向于特定的群

---

[1] 这篇文章最初发表在 *Academe* 83, no. 1 (1997): 14。

体，这个职位的公告就应该直接说明。如果某机构只有在某个或某些特定群体中寻找合格成员填补职位空缺，他们就应该坦率地把这个信息公布出来。

最近几位大学校长宣布已经委托他们的机构在一段固定的时间内，聘用一定数量的来自特定群体中的教师。一所大学甚至有政策为任何找到合格黑人候选人的院系，提供一个教师职位。在另一所大学，校董会专门为黑人学者设立了五个新职位。这些机构的聘用委员会被要求做出可以帮助实现这些既定目标的选择。难道这些学校不该在公布职位信息的时候就告知潜在的申请人这些特殊情况，以便潜在的申请者可以根据相关条件的完整信息来决定是否申请？

要弥补之前的不公正，并非所有人都对什么是大学里能做的最有效和最公平的措施具有共识。但是，无论聘用的实际标准是什么，发布它们的教师和管理者都应该在伦理和法律范围内考虑它们。

为什么不公开陈述这些标准，避免误解或欺骗？为什么不说实话？[1]

---

[1] 这篇文章最初以 "Colleges Should Be Explicit About Who Will Be Considered for Jobs," 为题发表于 *The Chronicle of Higher Education* 35, no. 30 (1989): B3。

## D. 认真对待教学

113　　大学的管理者经常声称他们非常关心自己的教学质量，但他们的行为往往会违背他们所说的话。

　　比如，当决定聘用的时候，下面哪位教职的候选人更被看好？有前途的研究者或有前途的教师？谁通常会得到较多的加薪，成功的研究者还是成功的教师？当一名教师收到另一所院校的"橄榄枝"时，大学通常会付出更多的努力来留住杰出的研究人员还是杰出的教师？谁又更可能会收到这样的"橄榄枝"，著名的研究者还是著名的教师？当然，既是好教师又是好学者是最理想的，但谁更有可能获得终身教职呢？是一位在课堂上枯燥乏味的顶尖研究人员，还是一位上课极出色但学术成就薄弱的教师？

　　如果校长、教务长和院长像他们所说的那样关心教学，他们的承诺就会通过与现有政策非常不同的政策表现出来。

　　第一，在面试中，教职的候选人不仅要提供科研论文，还要提供一次关于基本知识的试讲，并以入门学生为目标听众去组织内容和呈现。只有那些教学表现良好的候选人才会被认真考虑。

第二，当考虑加薪的分配时，优秀的教学将与卓越的研究同等重要。奖励少数人的科研和更多人的教学，将与奖励少数人的教学和更多人的科研同样普遍。

第三，正如科研成果要被同行评审一样，教学也是如此。受学生欢迎的程度对教师来说是一个积极的信号，就像一本书上了畅销书榜单一样，但这两者都不能确保学术的质量。我们非常关心科研工作，对教授的学术发表进行详细的审查，我们也应该充分关心教学，对教师在课堂上的工作进行同样详尽的考察。这样的审查应该包括来自院系同事的意见，他们将去教室听课并检查教学大纲、考试和试卷以评估教学表现。一个单位越是关注教学，就越可能会在评估教学方面多花工夫。

第四，认真评估教学会使得院系愿意区分教学的水平。我们能看到不合格、勉强合格、平庸、优秀和杰出的研究之间的差异，相同的区别也适用于教学。并不是每个不错的研究员都是诺贝尔奖或其他同档次荣誉的有力竞争者，同样，不是所有合格的教师都是教学"名人堂"的重要人选。简单地将所有教师的教学水平描述为"好"或"不那么好"，表明了学校没有认真对待教学。一个人可以被称作一位好老师,可关键问题是:有多好?

第五,即使在课堂表现不佳,一位杰出的研究者也可能获得终身教职。对于研究表现不是那么好的杰出教师,应该实行类似的政策。理想的候选人应该在研究和教学上都很出色,但如果偶尔出现一个例外情况,我们要像留住一位国家级的研究人员那样留住一位杰出的教师。

第六,一个机构有时会招聘一位杰出的研究者,以使院系能够提高在国内的声誉。但是有没有一所学校主动招聘过优秀的教师以增强教学的实力?我不记得曾看到任何这样的招聘启事,但一所重视教学的学校会不时寻找这样的人。

第七,如果研究生院真的关心教学,他们会要求应聘者去上教学方法的课程。这些课程应该包括讨论和实践教学过程的所有阶段,包括激励学生、组织材料、澄清概念、指导讨论、设计考试和论文评分,还应强调教师道德义务的重要性和多面性。

第八,推荐信不仅应提供和候选人的科研相关的细节,还应提供候选人的教学细节。目前来看,这些信件通常包含很敷衍的一两句话,尽管从未亲眼见过该候选人的教学,但考虑到候选人的聪明才智和个性，作者确信该候选人将是一个好老师。在阅读了数百封这样的信后，我想知道所有教学不行的教师都来自哪里。

第九，正如教员会留出时间来进行他们的研究一样，他们也应给予足够时间开发新的课程、教学大纲和教学方法。他们还将有机会参加针对教学的学习，并在资深教师的指导下加强教学技能。

第十，在一所严肃对待教学的大学，教室将向所有有资格的人员开放，包括任何感兴趣来听课的教师。医生通过观察同事进行诊疗来提高自己的技能，同样，教师可以通过观摩来学习。此外，知道可能会有人来听课的教师会在教学上下更大的功夫。开放式的教室因此使所有人获益。

在实行这些政策的大学，教学不会被科研所掩盖。相反，教学将被严肃认真地对待。在这些机构中，支付学费的学生可以获得应有的高质量教学。[1]

---

[1] 这篇文章最初发表于 *Academe* 90, no. 1 (2004): 32-33。

## E. 教研究生如何教书

几年前，我为我们的博士生们开设了一门为期14周的名为"如何教哲学"的学分课程。目标是培养新的或缺乏经验的教师，以应对本科生教学的挑战，结果是戏剧性的。虽然有些课堂时间用来讨论道德义务和教学原则，以及准备教学大纲样本和考试，但大部分课堂时间都在用于练习。17名同学中的每一位都要向其他同学做一系列的简短演讲：一次是关于他们选择的非哲学类话题的5分钟讲述，一次关于某个哲学主题的10分钟介绍，另外再有10分钟讲述这个主题的发展，最后做一次长一点的报告，讨论另一个哲学问题。每次演讲结束后，演讲者都会收到我和其他学生详细的即时反馈。起初，大多数参与者都非常紧张，因为他们要站在听众面前。他们咕哝着，说得太快，故意傻笑，盯着天花板、黑板或他们的笔记，避免与听众的目光接触。他们几乎没有试图让听众感兴趣。他们假设了听众所不具备的背景知识。他们使用了一些术语而不解释它们。他们迷失在细枝末节中。简而言之，这些初学者展示了所有教学上可能出现的问题，这些问题使太多的大学课堂变得无聊和充满困惑。

但是，大多数教不好书的教师从来没有被记录下来。而在我的课堂上，不够好的报告会带来一系列改进的建设性意见。它们不仅帮助了报告人，而且对所有其他学生也强调了有效教学的基本要素和避免教学问题所需的预防措施。

同学们的报告很快就发生了明显的改善。学生们开始放慢语速，讲得更加清晰，他们为听众讲述动机和基本想法，并组织他们的报告，使其内容能以一种听众容易理解的顺序呈现。最好的是，一些起初因为怯场而显得严肃或者疏离的学生，在放松后变得更有魅力甚至很幽默。

表现明显改善的学生在课堂上得到了其他人的慷慨赞美，慢慢形成的集体荣誉感鼓励所有人都努力改进他们的表现。不久之后，大部分人的报告都变得非常有吸引力，少数仍在努力改进的学生至少意识到了他们的问题所在。

在听完17个学生最后的演讲后，所有学生都写下了评论和建议而不是口头反馈。后来我把这些反馈以匿名的方式，和每个同学进行了私下的交流。也许我可以通过摘抄评论，来最有效地传达这门课的成果。以下每条都包含了对一个学生实际评论的精简版本。

- 充满活力而且吸引人，是一个经过反复打磨的报告。很好的动机介绍，很专业地引导听众要讨论的话题。与学生的互动很顺畅，处理好听众提问的同时没有让学生分心。清楚地说明了目前的问题。应该避免老看笔记。应该先排练，这样在报告中就不会忘了要讲什么。节奏应该放慢一点。
- 说了太多的"好的"。看黑板太频繁。没有尝试介绍动机。节奏很好。错过了很多讨论的机会。尽管他说有问题就举手，但听众似乎没有任何机会这样做。
- 用来激发兴趣的例子非常好，但总结的时间过长。清晰，明显准备充分。有时候节奏有点快，可能是因为紧张。你问了问题，但主要是自己在回答。铺垫时间有点长，我认为这让学生有种疏离感。仅仅通过讲授很难保持学生的兴趣，你需要让他们有参与感。
- 不要为了回答学生的困难提问而变得很戒备，而是应该尽可能地利用答案重新回到主题上。在最后的时候变得更加自在和放松，你变得能够用强调和语气来制造兴趣、悬念和戏剧性。漂亮！风度翩翩，缓慢清晰的节奏。

- 不要像你指望黑板做什么事那样盯着它看。请与我们保持目光接触。你的语调很平静而令人放心。很好地利用了例子和课堂互动，来构建课程的要点。你很好地使用了听众和他们的回答，很有趣的讨论。

- 有些地方的节奏有点快。例子用得很好，但我认为如果进一步讨论它们，特别是在某个地方让学生也参与会更好。总的来说，这是一个围绕艰深主题的生动而有趣的演讲。

- 没有介绍动机，没有进入这个问题的入口。太依赖于自己的笔记了，把它们放下。我们急需例子。抛出了太多的术语，但又没有什么相关的或有趣的线索把它们整合起来。你关注的重点是黑板，让学生成为你的主要关注点。

- 比以前的演讲更加自在和轻松了。善于运用幽默来吸引观众。和听众的眼神交流好多了，更有代入感。讨论了很多信息，有点太快了。能用黑板写下一个提纲并且梳理关键的术语就更好了。但总体来说好多了。恭喜！

我不确定是否有课程可以将糟糕的教师变成伟大的教师。但是,如果在最能接受别人建议的研究生阶段上一上这样的课程,就可以将"听不见""讲不清"或"没条理"的演讲者变成"听得清""讲得好"和"有组织"的演讲者。最重要的是,它可以将粗心的教师变成用心的,这是走向更有效和负责任教学的关键一步。[1]

---

[1] 这篇文章最初发表于 Teaching Philosophy 27, no. 4 (2004):321。多年来,我每年都会开设这门课程,每次都会有惊喜的结果。

# 对进一步阅读的建议

在 20 世纪 90 年代初,我担任罗曼和利特尔菲尔德出版公司"学术伦理问题"系列丛书的总编辑,每一卷专门讨论该主题的不同方面。我在这里按标题、作者和日期列出它们:

*University-Business Partnerships: An Assessment*
Norman E. Bowie (1994)

*Campus Rules and Moral Community: In Place of In Loco Parentis*
David A. Hoekema (1994)

*A Professor's Duties: Ethical Issues in College Teaching*
Peter J. Markie (1994)

君子与顽童：大学教师的职业伦理（25周年纪念版）

*Ethics of Scientific Research*
Kristin Shrader Frechette (1994)

*Neutrality and the Academic Ethic*
Robert L. Simon (1994)

*Academic Freedom and Tenure: Ethical Issues*
Richard T. De George (1997)

*Diversity and Community in the Academy: Affirmative Action in Faculty Appointments*
Celia Wolf Devine (1997)

*The Moral Dimensions of Academic Administration*
Rudolf H. Weingartner (1999)

*Free Speech on Campus*
Martin P. Golding (2000)

*Sexual Harassment as an Ethical Issue in Academic Life*
Leslie Pickering Francis (2001)

*Unionization in the Academy: Visions and Reality*
Judith Wagner DeCew (2003)

*Moral Leadership: Ethics and the College Presidency*
Paul J. Olscamp (2003)

*Ethics and College Sports*
Peter A. French (2004)

*Peer Review: A Critical Inquiry*
David Shatz (2004)

*The Kindness of Strangers: Philanthropy and Higher Education*
Deni Elliott (2006)

  所有这些著作都在正文的基础上由作者选择补充了进一步的信息,包括哲学文章、法律意见或大学文件。这些工作共同为学术伦理的研究提供了一个引人入胜的路径。

索 引

academic administrators, search for, 97-99

academic freedom, 4-7, 80

aesthetic experience, 62 affirmative action, 123n1;

Committee on Equal Employment Opportunity, 101, 102; diversity and, 104, 106, 107; employment practices of, 101-110, 111; Executive Orders of, 101, 102; preferential, 107-108, 110; procedural, 101

American Association of University Professors, 71, 80, 83, 123n6

American Philosophical Association, 45

Aquinas, Thomas, 59

Aristotle, 59

Austen, Jane, 21


Barzun, Jacques, 2

索　引

Bell, Daniel, 2

Berkeley, George, 10, 22

Brann, Eva T. H., 58

Chekhov, Anton, 90

Chronicle for Higher Education, 111

Churchill, Winston, 70

Civil Rights Act, 101 clarification, 11, 12-13 curricula, strengthening, ix

*Democracy and Education* (Dewey), 58

Descartes, Ren, 22

determinism, 31

Dewey, John, 58, 93

Dickens, Charles, 21

diversity, 104, 106, 107

Eliot, George, 21

Ellison, Ralph, 16

*An Enquiry concerning Human Understanding* (Hume), 22

"Ethics in the Academic World" (Cahn), xvii

examinations: clear directions in, 22-23; constructing and structuring, x, 21-22; criticism of, 20-21; reading and grading, x, 23-24; as tool, 20-24 excellence, in teaching, 13-15

Executive Order 10925, 101-110

Executive Order 11246, 102

faculty: academic freedom of, 4-7, 80: advising students, 55-56: appointment of, 63-69: authority of, xvii, 33-34: autonomy and latitude of, 3, 4: competence of, 4, 68: criteria for applicants, 64, 111-12: departmental obligations of, 1-2, 49-52, 75-80: dismissals of, 80-83: irresponsible behaviors of, xiv, xvii: leadership and cooperation of, 51-52: moral obligations of, ix: office hours of, xvii, 3, 18: oversight committee and, 78, 79: pedagogical roles of, 30-34, 81: peer evaluation of, 39, 82-83: recruiting and bids of, ix-x: relationships with students, 32-34: requirements debate by, 52-62: research and studies by, 6, 43-45: senior professor responsibilities in, 51: standards of conduct and, xiii: tenure and privileges, 3, 69-75. *See also* grades; teaching

Frame, Donald, 2

Frankel, Charles, 2, 38

free inquiry, 5-6

free will, 31

Gay, Peter, 2

generalization, in teaching, 11, 13

索 引

grades: controversy of, 24: fairness of, 26-27: function of, 24-26: grade inflation of, 28-30, 38: grading on a curve, 27: misuse of, 26-28

graduate education: dissertation advisors of, 86, 89-91: duties and tasks of, 85-86: examinations of, 86-87, 89: meeting student needs in, 86, 87: quality of, ix: requirements of, 87: scholarship and, 87-89, 91-95: teaching by graduate students, 87-88, 91-92, 115, 117-120

*The Greening of America* (Reich), 28


Hadas, Moses, 2

Hardison, O. B., 32

Hardy, Thomas, 21

Hegel, Georg Wilhelm Friedrich, 59

Highet, Gilbert, 2, 25

Hobbes, Thomas, 31

Hoffman, Banesh, 104-105

Hofstadter, Richard, 2

Hook, Sidney, 33, 56, 73

Hume, David, 10, 22, 31

Husserl, Edmund, 6


*Invisible Man* (Ellison), 16

ivory tower, characteristics of, 6

Johnson, Lyndon B., 102, 103

Kant, Immanuel, 10
Kekes, John, 106-107
Kennedy, John F., 101, 102
Kusch, Polykarp, 2

Leibniz, Gottfried, 10
liberal education, essentials of, 57-62
"Liberal Grading Improves Evaluations but Not Performance" (Vasta and Sarmiento), 39
Locke, John, 10

Mill, John Stuart, 4, 5, 31
motivation, teaching and, 11-12, 118, 119

Nagel, Ernest, 2
Nixon, Richard M., 102

organization, in teaching, 11, 12-13

索 引

Pelikan, Jaroslav, 89

Pinter, Harold, 90

plagiarism, 43

Plato, 19

Randall, John Herman, 59, 60

Reich, Charles A., 28, 29

Russell, Bertrand, 93

Schapiro, Meyer, 2

scholarship: book reviews and, 46- 47: community of scholars in, 45-49: departmental obligations of, 49-52: evaluators of, 46-49: letters of recommendation in, 47-49: moral issues with, 41-45: responsibilities with, 6, 43-45: value of, 42-43

self-realization, 59, 61

Socrates, 72, 76

Spinoza, Baruch, 59

students: dependence on instructors, 10, 11: evaluating instructors, 34-39: on faculty committees, 76: fulfilling requirements by, 52-62: indoctrination of, xiii, 31: neglect of, xiii, xiv: paying for quality education, x-xi: responsibilities to, 9, 10, 11, 39, 49-50: willingness to learn, xiv, 12 syllabus, 16-17

Taylor, Richard, 123n3

teaching: art of instruction in, 9-15: assignments and deadlines in, 16, 18-19, 20: authority of instructors, 10-11: characteristics of good teachers, 11, 12-13: clarification in, 11, 12-13: class time utilization and, 17-18: critical considerations of, 15-20: evaluating instructors and, 34-39: examinations and, 20-24: excellence in, 13-15: generalization in, 11, 13: by graduate students, 87-88, 91-92, 115, 117-120: guest speakers and, x: motivation and, 11-12, 118, 119: organization and, 11, 12-13: pedagogical roles in, 30-34, 81: quality of, 113-15: responsibilities of, 9, 10, 11, 39: syllabus preparation, 16-17: team teaching, x: texts required, 15-16. *See also* grades

tenure, 3, 69-75

term papers, 1, 20

*This Beats Working for a Living: The Dark Secrets of a College Professor* (Professor X), 1

*Toward Freedom and Dignity* (Hardison), 32

Trilling, Lionel, 2

*The Tyranny of Testing* (Hoffman), 104

Vietnam War, 5, 28

Whitehead, Alfred North, 12, 21

Wolf Devine, Celia, 108

# 作者简介

斯蒂文·M. 卡恩（Steven M. Cahn）是纽约城市大学研究生院的哲学教授，在那里他担任教务长和主管学术的副校长近十年，之后还担任过代理校长。

他于1942年出生于马萨诸塞州的斯普林菲尔德，1963年获得哥伦比亚学院的学士学位，并于1966年获得哥伦比亚大学的博士学位。他曾在达特茅斯学院、瓦萨学院、纽约大学、罗切斯特大学和佛蒙特大学任教，还曾任哲学系主任。

他曾担任埃克森美国教育基金会的项目官员、洛克菲勒基金会人文科学的执行主任以及国家人文基金会首任总项目主任。他曾任美国哲学协会（APA）哲学教育委员会主席，是 APA 在美国学术协会理事会上的代表，并长期担任约翰·杜威基金会的主席。

卡恩博士是 9 本书的作者，包括《教育与民主理想》《谜题与困惑：论文集》（第 2 版）《上帝、理性和宗教》《从学生到学者：通往教授之路的坦率指南》。

他编辑或共同编辑了超过 30 多本著作，其中包括《教育哲学中的经典和当代文献》《政治哲学：基本文本》（已出第 2 版）《探索哲学：入门文集》（已出第 3 版），以及《伦理：历史、理论和当代问题》（已出第 4 版）。他的被广泛使用的《西方哲学经典著作选集》已经出到了第 7 版。

他是 4 个多卷丛书的总编：《布莱克威尔哲学指南》（共 21 卷）、《布莱克威尔哲学读本》（共 14 卷）、《学术伦理问题》（共 15 卷）、《经典文本的批判性文献》（共 20 卷）。后两个系列由罗曼和利特尔菲尔德出版公司出版。

他的许多文章出现在各种出版物中，包括《哲学杂志》《高等教育纪事》《莎士比亚季刊》《美国医学杂志》《新共和国》和《纽约时报》。

为纪念卡恩博士而撰写的一系列文章已由列克星敦图书出版。由他的两位前博士生，范德比尔特大学的罗伯特·B.

塔利斯（Robert B. Talisse）和马萨诸塞大学达特茅斯分校的莫林·埃克特（Maureen Eckert）共同编辑，这本书名为《一个老师的一生：献给斯蒂文·M.卡恩的文集》。

# 译后记

本书的原标题是 Saints and Scamps: Ethics in Academia，直译过来是"圣人与无赖：学术界的伦理"。这里的"圣人"与"无赖"指的是大学教师当中存在着的两种极端情况：既有像圣人一样严格要求自己，恪守职业及学术伦理的大学者和教育家；也有非常自私，对学生、学术以及学术共同体不负责任、枉为人师的渎职者。

虽然中国传统文化中也有尊称品德至善、有大智慧的学者为"圣人"的习惯，但几经斟酌还是希望能在中文版的标题中用更接近中文习惯和现实的词来体现大学教师中存在的普遍情况。我的朋友袁建博士给出了一个很好的建议："君子与小人"。大学中确实不乏谦谦君子，不过"小人"在中

君子与顽童：大学教师的职业伦理（25周年纪念版）

文中通常与品行低下、阴险狡诈相关，似乎言之过重。我最后选择的"顽童"更接近"小人"的字面含义。同时英文里的 Scamp 也有调皮捣蛋的小孩的意思，书中提到的不少负面例子中的老师也的确具有"顽童"的特点：以自我为中心，不对自己的行为负责，随心所欲，想一出是一出，这可能也是个别老师比较准确的写照。

另外，我也改写了一下副标题以更准确地反应书中内容的侧重。说到学术伦理，大家可能会首先想到学术造假、抄袭以及作者争议等。这些问题在学界及媒体上都讨论得比较多了，在本书中也有所涉及，但是这并不是书中的重点。本书最让我感兴趣的地方在于它系统地梳理了大学教师的职责，特别是在教学、科研、服务等方面应尽的具体义务和相应的制度设计。在我看来，其内容更多的是关于大学教师的职业伦理。就像律师、医生一样，大学教师也有源自职业的基本职责，而这些具有多面性、稍显复杂的责任，往往是大家关注比较少的。因而我特别在标题中强调了职业伦理，也可避免读者对于本书内容有错误的期待。

本书的作者卡恩博士首先是一位哲学家，专长是伦理学，同时也有长期在国际知名大学担任系主任、教务长和副校长的行政经验。他的这本书完美地结合了他的专业知识和管理实践。我个人特别喜欢他用哲学论证的方式，讨论与大学教师职责有关的核心概念以及可能的制度安排。很多职业伦理及学术伦理的介绍中往往只说"应该"怎么样，但是不能坦率地讨论"为什么"和"为什么不"，而这样的讨论确实需要基于对相关的概念做深刻的剖析。

特别令人高兴的是，书中的讨论不仅仅停留在很抽象的层面上，还结合了大量的类比以及具体或假想的例子，并给出了具体甚至可操作的建议，可以帮助普通读者更好地理解和实践。例如，书中在讨论如何评价教师的教学能力的时候，令人信服地反驳了完全依赖学生评价的教学评估方式。很多人可能会将现代高等教育看成是学生购买大学的教育产品，所以作为"消费者"，学生似乎有权利和能力对购买的服务做评价。但是就如卡恩博士指出的，这种类比忽视了学生在大学教育中的特殊性。首先学生之所以来大学学习，就是因为他们不了解相关的知识。可以做个类比，虽然餐厅的顾客即使是初次品尝某种菜肴，也可以评价食物是否对他来说比较美味，但是却无法评价菜肴的营养价值、是否地道或者能不能做得更好，而这些恰恰是需要营养师和美食家这样的专业人士来评判的。类似的，评判一门课上得好不好，学生能看到的只是表面的一些东西，比如老师讲得是否流畅、清晰、有趣味，是否让学生觉得有收获，但是要看课程覆盖的内容是否得当或者介绍的知识或观点是否准确客观，则需要同行去听课才能评价。当然，学生也并非是只通过付出学费就可以换取毕业证书的消费者，学术的标准不会根据学生的意愿发生改变，教师有学术上的权威，需要客观地评价学生，而过分依赖于学生对教师教学能力的评价，会引入不必要的利益冲突。

回到本书的翻译，一个既有趣有时又有挑战的事情是在如上的严肃讨论中，卡恩博士还会时不时穿插一些非常幽默的评论或者辛辣的讽刺，比如他在25周年纪念版自序中建议那个抢人失败的哲学系聘用亚里士多德：反正他和他们想聘用的明星教授一样都不会出现在校园里，但却更有影响力。有些也涉及英语中的特有的双关，比如书中提到的关于"Myron Fox 博士"（我译成"胡麦农"）用堆积看似高深的专业术语忽悠高级知识分子的实证研究等。当然，还有一部分翻译的困难来源于一些词在中文中没有特别合适的对应。比如说文中多次提到的 integrity，其实是西方知识界极其看

## 译后记

重的一种学者的重要品质，它不仅仅是诚实，还包括言行一致、表里如一、信守承诺等诸多高尚道德品质的统一，但在中文中就没有一个单独的词可以囊括。还有一些文中提到的概念、机构和制度在中文中也没有特别通用的对应。比如美国针对 liberal arts 的本科教育（文中翻译成"博雅教育"），特有的 liberal arts college（文理学院）以及 B. A. 的学位并不适合从中国人习惯的文理分科的角度来理解（参见文中相关的译注），同时也并不简单的是我们现在所谓的"通识教育"。书中作者花了较多篇幅谈与此相关的全校统一的毕业要求，这可能对国人来说就会有些陌生。另外书中后半部分涉及决定校级事项的教师大会，在中国的大学里也很少见。

尽管如此，书中的绝大部分内容是非常符合中国高等教育的现状的，很多正反面的例子都能在我们身边找到实例。要注意，本书的第一版是在 1986 年出版的，我们能看到当时美国的学术界也有我们现在很挠头的问题，其实很多我们遇到的问题即使目前在国际顶尖名校也是广泛存在的。就像卡恩教授在 25 周年纪念版自序中说的，本书出版后的很多年里，他所担忧的状况并没有得到改善，甚至在某些方面还退步了。但同时，我们也能从本书中获得一些前车之鉴。

比如，中国各大顶尖高校正在逐渐引进美国的预聘－长聘（tenure）系统，但在美国提出这个制度的背后其实有很多基于保护学术自由的考量，也需要其他制度相配合。我们不能只停留在"为所用"制度的表面，也应该了解为什么要有这样的制度，以及如何避免可能的问题。

另外，书中的有些观念，可能会和我们传统上对于教师的预期有所不同。一个很突出的例子就是我们会希望教师们与学生"亦师亦友"，而且要关心学生生活的各个方面。但是卡恩博士强调"成为哥们儿"的教师并不能保持客观的判断。在现代的西方大学里，可能会更倾向于建议教师与学生保持一定的距离，"being friendly without being friends"（有友好的态度但不必是朋友），学术上的专业关系是在读师生间唯一合适的关系，这也符合每个人的最佳利益。作为译者，我还特别想推荐书中的附录里的几篇文章，那里提到的一些制度，即使在中国还没有对应物，其实也值得了解，比如广受在美华人争议的"平权行动"，卡恩博士介绍了它的两种不同解释，并比较了利弊，这对了解机会公平的实质很有帮助。

阅读和翻译本书对我而言还有重要的实际价值，这得益

译后记

于卡恩博士对诸多和教师责任有关的制度的详细介绍。他不光告诉我们为什么,还具体谈了应该怎么做。例如,书中关于教师招聘的流程和可能出现的问题的讨论,是我在协助系里制定相关流程时最重要的参考资料,在很大程度上使得我们系第一次大规模的国际招聘得以按照国际标准顺利进行。当然在实际操作的时候我们也遇到了一些书中没有提到的困难,但是书中提到的思考问题的方式以及澄清的概念是解决这些问题的基础。可以说,这是一本对高校的中层管理者非常有实际帮助的书。

最后,我想回到翻译这本书的初衷。在中国学术界,很多学术伦理和职业伦理的问题并没有得到特别公开和广泛的讨论。当然,情况在逐渐变好,越来越多的学者和青年学生在逐渐形成共识,至少可以意识到相关问题的存在,可以避免犯下无心的错误,或者成为学术不端或渎职的受害者。但是要让学术及职业伦理成为培养研究生的重要环节,并且要让这些未来的高校教师真正理解伦理规范背后的原因,在实践中摸索怎么去处理并不是非黑即白的现实情况,其实还有很长的路要走。一个关键问题是,如果没有这方面系统性的公开讨论和相应的课程,光靠导师的言传身教很可能是不够的,因为不可否认有一些教师自己并没有做得非常好，而且在对学术共同体以及院系的服务义务上，学生也一般无从知晓。在这里，卡恩博士是值得羡慕的，因为他在哥伦比亚大学哲学系读研究生的时候有一位非常令人尊敬的老师——理查德·泰勒教授。我想翻译这本书的初衷正是因为当时看到卡恩博士写理查德·泰勒教授帮助他的故事，那个故事深深地打动了我，而这也正是本书正文的最后一个例子，推荐大家都看一下。从卡恩博士的经历来看，好的老师会影响学生的一生，甚至会影响到学生的学生。希望同学们都能碰到他们的"理查德·泰勒"教授，当然，更希望我们老师自己也能成为学生们的"理查德·泰勒"教授。

致谢：感谢袁建博士、王曈先生、刘佶鑫博士以及编辑田炜女士、赵阳先生在本书的翻译及出版过程中给予的帮助和建议。

王彦晶

北京大学哲学系

2020 年 8 月